JN410919

바람도 길이 있다

바람도 길이 있다

유영래

〈책머리에〉

산을 만나서 놀았습니다
당신과 함께라 행복했습니다

어린 시절은 야생(野生)이었다.
해가 뜨면 들판과 야산을 이리저리 돌아다니다가
해가 지면 하늘의 별들을 쳐다보고 잠을 잤다.
이리저리 땅 위에서 멋대로 살다보면
길을 가기도 하고, 길을 잃고 헤매기도 했다.

중학교를 졸업할 즈음에
바다 건너 세계를 돌아다니고 싶어서
마도로스를 꿈꾸었지만
바다는 나를 받아주지 않았다.
돈과 자유와 꿈이 있다는
아메리카 대륙을 바라보고 부산항으로 갔다.

외항선박을 타고 밀항하려 했으나,
좌절과 실의만 맛보았을 뿐이다.
첫눈에 스스로 반해버린 해양의 꿈이
현실에 배반당하고 말았으니,
그때부터 나의 희망과 용기는 단련되었다.

야생과 방황으로 시작한 인생항로,
하루하루가 채우고 비우는 세월이었다.

변화하는 세상에서
하루 한 날 똑같은 시간과 공간은 없다.
자전과 공전이 멈추는 순간,
우리들은 세상에서 사라져 버린다.
다만 살아 있다는 자각으로
이 순간이 생생하고 즐거울 뿐이고
살아있는 생명이 지구를 아름답게 한다.

산을 걷는다.
산길을 걷노라면 자기만의 세상이 있다.
조용히 생각에 잠긴 행자(行者)의
마음 깊은 곳에 순수가 있다.
순수의 마음은 신비롭게 빛난다.

시간 따라 산의 모습도 순간순간 변한다.
백두대간을 걸으며
기기묘묘하게 변화하는 자연의 모습을 보노라면
득의망상(得意忘象)의 운치가 있다.

걷는 것이 저마다 수련이다.
금수강산에 수련의 종적(蹤迹)이 있다.
너는 누구인가!
사는 동안 스스로 깨닫고 베푸는 세월이
저마다의 내면(內面)에 숨 쉬고 있다.

산은 기다리지 않아도 계절이 돌아온다.
꽃 피는 봄날에 새가 울면
비바람 몰아치는 여름이 온다.
단풍 아름다운 가을이 지나면
삼라만상은 어느새 흰눈속에 아름답다.

때가 되면 깨달은 자는 우리 곁으로 돌아와 애환을 함께 나눌 것이니 공연히 기다릴 까닭도 없다. 깨달아 아는 사람은 말이 없으며, 아는[道] 만큼 함께 나눌[德] 것이다.

숲속에 우주의 모습이 펼쳐있다.

생물들은 스스로 환경에 적응하고 서로 협력하여 좋은 관계를 맺으며 더불어 성장한다. 단점을 탓하지 않고 장점을 부추겨 세상을 풍성하고도 아름답게 한다. 다윈의 생각, 자연 선택이다.

숲을 떠난 인간 세상이다.

휴대폰이 GPS를 만나는 순간, 시간과 공간이 너무 가깝다. 우리는 지금 휴대폰 속에 살고 있다. 휴대폰 화면에 몰입할수록 지구의 신비와 아름다움은 점점 사라진다. 차를 기다리는 정류장이나 전철 속의 사람들이 하나같이 휴대폰에 빠져 있다.

세상이 홀쭉해지고 있다.

문화의 다양성도 인간의 개성도 시들어가고 있다.

숲속에 세상이 있다.

붓다가 나무 아래서 눈을 뜨는 순간, 세상을 보았다.

있는 그대로를 보고 듣는 순간, 깨달음이다.

듣도 보도 못한 것들이 아닌 지금 보고 듣고 느끼는 눈앞의 것을 자각하는 일이다.

산을 걸으면 마음이 열린다.

가파르게 오르는 숨소리 산과 나의 공명현상이다.

산의 파동이 나의 숨소리와 일치한다.

배낭을 메고 땀 흘릴 때, 지친 걸음걸이에 진실이 있다.

나의 선생님은 말이 없었다.
묻는 말에 대답도 없이 눈만 껌벅거렸다.
스스로 찾아가라는 묵시다.
배운 대로, 걷는 대로 답을 찾고 증험(證驗)하는 것이다.
답을 가르쳐 주는 순간, 이치는 흐트러지고
자기 것이 아니라 남의 것으로 남는다.
자기 발로 자기 길을 가야 한다.

삶은 독창성이다.

타고난 대로 갈고 닦아 흔들림 없이 멋있게 살아야 한다. 저마다 주어진 삶의 리듬으로 살아간다. 시절인연 따라 살고 깨달으면 떠나야 한다.

사람은 그저 때가 되면 죽는다. 자연스럽게 태어났으나 죽을 때가 되면 야단법석이다. 억지로 사는 인생이 인류 진화에 어떤 도움이 되겠는가.

공자는 되는 것도 없고 안 되는 것도 없는(无可 无不可) 세상살이라 했다. 정해진 것은 없다. 열심히 자르고 갈고 닦고 광내면(切蹉琢磨, 절차탁마) 찬스가 온다는 것이다. 삶이 그런 것 같다.

한평생 그림자처럼 걸어왔다.
헷갈리는 그림자일 뿐이다.
창강에 물이 맑으면 갓끈을 씻고
창강에 물이 탁하면 발을 씻는다.

滄浪之水淸兮(창랑지수청혜)
可以濯吾纓(가이탁오영)
滄浪之水濁兮(창랑지수탁혜)
可以濯吾足(가이탁오족)

굴원의 어부가 한 구절이 선뜻 다가온다.

변화무쌍한 세상일수록, 광기와 독선이 판치는 순간일수록, 스스로 지혜롭게 살아야 한다. 그러자면 최소한 자기만의 공간과 시간이 있어야 한다. 어려운 시절일수록 관조(觀照)하고 은일(隱逸)할 수 있는 자기만의 세상이 있어야 한다.

변화 무쌍한 이 순간
나의 안식처는 어디에 있는가.

백두대간을 시작할 때 심 총각이 인문학적 산행을 하자고 했다.
산과 사람이 만나서 열애를 하자는 것이었다.
자연과학과 인문학이 만나서 사랑을 하는 것이
지금의 시대정신이다.
아인슈타인과 피카소가 만나서 산책하듯이,
산을 타는 사람은 좀 더 과학자적인 자세가 있어야 한다.
과학이 모든 것을 해결해 줄 수는 없지만
우리의 생활을 좀 더 밝고 진실하게 생각할 수 있게 한다.
편견과 고정관념을 깨뜨릴 수 있는 통찰의 자세 말이다.

사시사철 변화하는 산의 모습에서 그것을 보았다.

〈추천사〉

자유로운 영혼이 걸어온 삶의 이야기

손영준 / 국민대학교 언론정보학부 교수

유영래 선배님과는 혈연, 지연, 학연으로 얽힌 관계는 아니지만, 만나면 늘 반갑고 즐겁다. 연배가 한참 위지만 격식을 따지지 않는 그의 그릇됨과 자유로운 영혼이 좋다.

나는 유 선배를 1990년대 초반 기자 생활을 할 때 처음 만났다. 그는 당시 제1야당 민주당 대표 비서실에 있었다. 말수가 적고 주장이 강하지 않았던 것으로 기억한다. 정치권 사람에게서 읽히는 조바심도 잘 보이지 않았다.

유 선배는 그러나 정치권에서 세속적인 꿈은 이루지 못한 것 같다. 그의 통찰력과 인품이 큰 쓰임을 받지 못한 것은 지금도 아쉽다. 큰 나무 밑에는 여러 사람이 쉴 수 있는 그늘이 있게 마련인데, 그가 속한 계파가 정치적으로 빛을 보지 못한 것도 이유라고 생각한다.

나는 출입처를 떠난 뒤에는 출입처 사람에게 먼저 연락하지 않는다. 기자들은 취재원과 친숙한 관계를 맺어야 하지만, 그런 '좋은 관계'는 어디까지나 뉴스 기사를 쓰기 위한 필요조건이라고 믿는다. 취재가 목적이 아닌 취재원과의 만남은 사사로운 것이라고 보기 때문이다.

이런 원칙은 유 선배와의 만남에서도 예외가 아니었던 것 같다. 유 선배를 다시 만난 것은 그 후로 10년이 지난 뒤였다. 인사동 밥집에서 우연히 마주쳤는데 우리는 더 이상 세속적인 관점에서 서로 도움을 주고받는 관계가 아니었다(유 선배는 정치권에서 한 발 물러나 있넌 때였고 나는 학교 선생이었다). 막걸리 한 주전자를 비우는 동안에 무심했던 10년 세월이 한걸음에 복원됐다.

그 이후 유 선배와 함께 산과 계곡, 들길을 많이 다녔다. 주말에는 수시로 갔다. 유 선배와 나는 서울 근교 산을 평일에도 제법 다녔는데, 격식과 형식에 얽매이지 않는 그의 생각하는 방식을 살필 기회가 되었던 것 같다.

산에서 유 선배의 체력은 젊은이 못지않다. 산행 실력은 전문 산악인 수준이다. 또한 방방곡곡 산과 능선을 손바닥처럼 꿰고 있다. 등산로는 물론이고 골짜기와 샛길에도 밝다. 현지인이 아니면 알기 어려운 좁은 산길과 임도와 동물들이 다니는 길도 알고 있다. 그만큼 많이 다녔기 때문이리라. 유 선배가 전국 등산로와 샛길을 안내하는 책자를 내면 큰돈을 벌 것이라고 농담을 했던 기억이 난다.

1973년에는 이른바 '검은 10월단 사건'으로 고문을 받아

혼수상태에서 임사(臨死)체험을 했다고 한다. 그런 그에게 조국의 산과 들은 도피생활의 피난처였을 뿐 아니라 고문으로 만신창이가 된 몸과 마음을 추스르는 회복과 치유의 공간, 나아가 자유로운 영혼이 소생하는 생명의 터전이었다고 생각한다.

나는 유 선배와 강원도 고성군 진부령에서 지리산 천왕봉까지의 백두대간 종주길, 강원도 화천군 수피령에서 시작하는 한북정맥 종주길, 내설악, 오대산, 방태산, 소백산, 용문산, 명성산, 연인산, 명지산 등 수도권의 큰 산, 작은 산을 거의 돌아보았다. 또한 제주도 한라산이나 백두대간 능선 주변의 크고 작은 산도 같이 등산하였다.

사람은 누구나 흔적을 남긴다. 이 책은 고희의 유영래 선배가 걸어온 삶의 이야기를 정리한 글이다. 그는 엄혹한 유신과 군사정권 시절 억압의 정점을 몸소 거쳐 왔다. 어둡고 깊은 터널을 헤쳐 온 사람이다. 고통과 외로움에도 낙심하지 않고 새로운 생명을 잉태한 영(靈)이다. 이 책은 체계적인 지식(知識)이기보다는 그가 거친 시대를 역류하며 자신의 천명(天命)을 묻고 다듬은 내용이다. 그는 인생에서 참으로 소중한 것이 무엇인지 이야기하고 있다.

이 책은 나의 숲길은 어디에 있을까, 여백으로 걷다, 바람도 길이 있다, 내가 걸은 숲 등 크게 네 부분으로 나누어져 있지만, 그 내용은 일이관지(一以貫之)한다.

나는 유 선배의 자유함과 고독에 대해 존경심을 갖고 있다. 이 책을 보는 분들이 이 책에 소개된 경구들을 묵상하며 스스로 그 의미를 찾아보기를 권한다. 각자가 체득한 사유의 형식과 틀을 벗어나 저자가 제시하는 자유로운 영혼의 자유함을 느껴보기를 원한다.

이 책의 내용을 길잡이 삼아 보다 많은 사람들이 자유와 위로의 힘을 얻고, 또 스스로 천명(天命)을 찾아 도전하는 계기가 되기를 기원하며, 이 책을 추천한다.

〈책머리에〉 ········· 4

산을 만나서 놀았습니다

당신과 함께라 행복했습니다

〈추천사〉 손영준 ········· 16

자유로운 영혼이 걸어온 삶의 이야기

나의 숲길은 어디에 있을까 ········· 23

여백으로 걷다 ········· 65

바람도 길이 있다 ········· 111

내가 걸은 숲 ········· 173

〈발문(跋文)〉 한승동 ········· 202

되는 것도 없고 안 되는 것도 없다

〈에필로그〉 ········· 214

평화는 진화한다

나의 숲길은 어디에 있을까

시작도 없고 끝도 없이 이어지는 세상살이다.
올라가고 내려가고 또 끝없이 이어지는
백두대간 산행길이 인생이다.

우주에는 시작도 없고 끝도 없다.
시간과 공간이 돌고 돌 뿐이다.

나는 별들과 함께 떠돌았고
내 가슴은 바람 속에서 멋대로 날뛰었다.

햇빛 따라 바람이 일고
바람 따라 구름이 해를 감싼다.
바람을 탓하지 마라.
바람 따라 사는 인생이다.

바람은 선지자다.
하늘과 땅을 이어주고
생명과 생명을 이어준다.
바람도 길이 있다.

화란봉 갈림길에 이르러
장자의 '좌망(坐忘)'이 떠올랐다.
잊어야 할 것을 모두 잊고,
무의미한 일을 하지 않으며,
어쩔 도리가 없는 일은
생각지 않으면 된다는 뜻이리라.

서로 잊고 자유롭게 사는 게 좋다.

희양산에 서다.
바위 하나가 산이 되었다.
어진 산이요, 호연지기다.

장자는 자연스럽게 사는 것이
지극한 즐거움(至樂)이라 했다.
자연스럽고 자유롭게 운행하고 변화하는 흐름이
무위자연(無爲自然)이다.

그 산 속에 내가 있다.

늘 그렇고 그렇게 산다.
무가 무불가(无可 无不可)
되는 것도 없고 안 되는 것도 없다.

언제 어디에 있건
할 일을 하고 살아가노라면
반드시 기회가 있다.

바위 뿌리가 깊은 희양산(998m)
바람에 흔들리지 않는다.
한국불교가 일제의 해독(害毒)으로 병들어 신음할 때
산 아래 봉암사 결제가
한국불교를 다시 태어나게 했다.
독은 독으로 치료하듯이
중은 중으로 정화했다고…….
산은 산이요, 물은 물이다.
성철의 '할'은 세파를 타고 산이 되었네.

본 대로 걷고 소리 따라 간다.
언어의 그물을 벗어 던지고
이치의 속박도 잊어 버려라.

그냥 걷는다.(無爲而 無不爲)

걷는 시간이 걸은 거리이니
쉬지 않고 걸어야 오늘의 일을 끝낼 수 있다.

쉬지 않고 회전하는 지구다.
어영부영 쉬어가면 큰 코 다친다.

사람의 모든 것, 아니 생명 있는 모든 것은
오직 오늘을 사는 것이다.

이 세상 모든 것 생겨났다 사라진다.
지금 걷는 이 순간이 있을 뿐이다.

세상살이 따로 없다.

'자기를 알아주는 사람'.
알아주는 사람을 위해서라면 목숨도 바치는 사람.
서로를 알아주고 서로 믿고,
어려울 때 약속을 지키면서 도움을 주는 사람이 있는가.

그런 사람, 그런 친구가 있다면
세상의 풍상에도 자기 자신을 지킬 수 있다.
삶이란 이런 것이다.

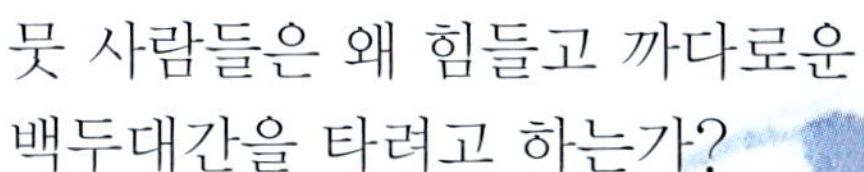

뭇 사람들은 왜 힘들고 까다로운
백두대간을 타려고 하는가?

호기심으로……
인생의 기록을 남기려고……
체력을 위해……
남이 타니까 욕심이 나서……

그러나 나의 화두(話頭)는
산에서 정령(精靈)을 만나고 싶다.

산이 들려주는 이야기가 있다.

산이 높아 훌륭한 것이 아니라
신선이 있어야 빼어나다.
山高在高 有仙則靈

깊은 계곡 고요한 절벽에
포효하는 호랑이 숨결이 있다.

연칠성령을 오르는 길,
숨소리에 땀방울이 맺히고
바람 불어 방울방울 얼굴을 쓰다듬는다.
사람의 처음 소리는 숨소리였을 것이다.

사람은 빗소리 천둥소리 바람소리에
자연과 공명(共鳴)했을 것이고
자연의 숨결에 적응하면서
인간의 소리를 지었을 것이다.
자연의 소리는 생명의 울림이다.

거문고의 명인 백아(伯牙)와 그 소리를 알아준 종자기.
종자기가 죽자 거문고 줄을 끊어 버리고
아무도 모르는 깊은 곳으로 종적을 감추었던
백아절현(伯牙絕絃)의 고사(故事).
득음(得音)은 곧 생명의 소리일 것이다.

새벽길 떠나는 사람들…
길 없는 길을 가는 도적들….

여명이 밝아서야
초록의 나무 터널을 걷고 있다는 것을 알았다.

푸른 숲의 햇살이 청아한 율동으로
온 산으로 퍼져나갔다.

설악의 風光을 훔쳤다.
도교에서 도란 곧 도둑이라 했다.
도자도야(道者盜也)란다.
천지의 기운을 거저 자기 몸에다 흡수하려 하니 도둑이다.
도(盜)란 남이 허(許)하지 않은 것을 취(取)하는 것이라 한다.
풍경도 햇빛도 바람도 물도 모두
우리에게 사용하라고 허(許)하지 않았건만
우리는 거저 취(取)했기 때문에 도둑이다.

도는 세상의 빛을 훔치는 일이다.

산에 오르면 내가 좋아하는 나무를 껴안고
매달리는 버릇(習)이 있다.
나무들은 서로 닮고 닮아서 하늘 높이 치솟는다.
가지는 줄기 따라 곧게 자라고,
잎은 하늘을 향하여 햇빛 따라 자란다.
나무들의 프랙탈 현상은 아름답고 우아하다.

35억 년 전 지구(地球)상에
광합성을 할 수 있는 세포들이 나타났다.
CO_2로 광합성을 하면서 살아가는 식물이
노폐물인 산소를 발산하면서
산소를 먹고 사는 인간과 동물이 생겨났다.
지금 살아 있는 우리는 기적 같은 존재들이다.
이 얼마나 심오한 생명의 신비로움이더냐.
나무에 대한 나의 포옹은
생(生)을 예찬하는 진정한 몸짓이다.

백두대간 들머리를 찾느라
서두르다 헤맸다.
어둠속에서 공간 감각을 잃고
감정의 포로가 되어 허둥댔다.
씁쓸할 수밖에…….

허둥대지 마라.

동물들은 호랑이 소리를 듣는 순간,
긴장과 스트레스를 느낀다.
그러면 생리작용이 위축되고
식욕과 성욕이 사라지면서
세포 생식이 중단된다고 한다.

그저 평화롭고 담담(淡淡)한 세상이 좋다.

고뱅이재를 지나 산죽을 헤치고
나무들이 가지런히 자란 숲을 걷는다.
땅에 뿌리를 박고 햇빛과 바람으로
꿋꿋하게 살아가는 나무들이다.

미몽(迷夢) 상태로 누워 있는 사람을
'식물인간'이라고 하듯이
사람들은 식물을 무시해 왔다.
그런데 그게 아니다. 식물에게도
보고 냄새를 맡고 기억하는 감각세계가 있다.
인간의 DNA 집단과 똑같이
식물에도 빛을 감지하는 DNA가 있다.
오히려 인간과 동물이야말로 식물에 기생한다.
한 마디로 지구는 식물 세상이다.
지구 생명의 역사는 식물의 역정(歷程)이다.
식물이야말로 얼마나 자랑스러운 생명의 표상이냐고
한바탕 소리 내어 웃었다.

정상 절정의 그 순간에 고래가 떠올랐다.

세상에서 가장 크고 100년 이상을 산다는 동물.
사색과 그리움이 깃든 고래의 눈을 생각한다.

암수는 서 있는 자세로 서로를 껴안고
황홀하게 해수면 위로 뛰어오르면
산이 되어 폭포수 같은 물이 흩날린다.
절정의 순간에 고래는
푸른 하늘 아래서 하나가 된다.
(고래는 해수면 위에서 짝짓기를 한다.)

〈제이 그리피스(Jay Griffiths)의 글 중에서〉

정상의 풀밭에서 밥상을 차렸다.
먹고 마시고 즐거운 얘기가 오고 갔다.
웃음도 먹고 푸른 하늘도 먹었다.
먹고 마시고 노는 모든 것이 자연스럽다.

식물은 햇빛, 물, 바람(CO_2)으로
에너지(포도당과 녹말)를 만든다.
결국 햇빛을 먹고 사는 사람이다.

먹고 마시면
포슬포슬한 흙길을 간다.
낙엽이 쌓인 길,
나뭇가지 사이의 오솔길을 걷고
바윗길을 오르내리다보면
옷도 찢기고 찰과상도 입게 마련이다.

순간순간 삶의 여로가 이러한 것 같다.

모든 생명체는 흙에서 태어났다.
모두가 흙으로 돌아간다.
흙은 생명체의 근원이고 에너지다.
나는 흙과 함께 진화한 결과다.

자연현상은 생명의 유기적 관계다.
햇빛과 바람(CO_2, O_2), 물은 거저다.
나무, 풀, 동물은 물론 사람들은 공짜로 산다.
우리는 이것들을 이용만 하는 이기적 유전자다.
자연현상은 서로 도움을 주고받아야
공멸하지 않는다는 진리를 가르친다.

그것이 세상의 평화(平和)다.

이 봉우리 저 안부로,
이 나무 저 바위를 걷는 발길 따라
명상과 사색이 있다.

기도는 남을 위해서 해줄 수 있지만
명상은 자기만의 고유한 영역이다.

시간의 부림을 받지 않고
시간을 초월한 순간 나를 본다.

누군가 돌로 탑을 쌓았다.
나무가 바람의 소리를 모아서 우리에게 준다.

우리들의 발길 따라 숲이 흔들린다.
배낭 가득 바람을 메고 무소유로 걷는다.

눈보라 치는 새벽길 눈빛 따라 걷는다.
해를 기다리는 함백산 정상
바람 소리에 해가 솟는다.

타는 듯 터지는 듯 허공으로 퍼지는
빛의 감촉에 영적 감흥이다.

빛은 나를 사로잡다가 마침내
나를 풀어주는 그 무엇이 있다.
입자와 파동의 신비스러움일까.

네 마음 가는 대로 가라.
내려놓을 것이 없으니
그냥 가라 하지 않느냐.

사무사(思無邪)로 간다.

새벽바람 따라 걷다가
동트는 붉은 해를 보고
이 봉우리 저 능선을 가다가
편안한 곳에 마주앉아서 아침을 먹는다.
먹는 것마다 맛있다.
땀 흘리고 지친 발걸음도
먹는 시간이 되면 해방이다.

인류는 바다에서 살다가
먹이가 많은 육지로 올라온 물고기가 조상이다.
어머니의 양수에서 생겨난 우리들이다.
양수는 염도가 0.08%다.
우리 몸의 건강과 영양은 염분에 있고,
그것이 맛의 기준이다.

인류는 감칠맛을 느끼면서부터
생존과 번식이 왕성해졌다고 한다.
지금 음식은 퓨전이다.
음식은 지역과 문화, 시간과 장소에 따라
형식과 맛이 다양하게 변하게 되었다.

하루하루 맛으로 산다.
인생은 맛보는 일생이다.

음식물은 원래 독이 없는
재료의 맛으로 먹었다.
맛은 식물들이 몸을 지키기 위해 만들어졌고,
몸을 지키기 위한 방어물질로 맛을 이용했다고 한다.

요즘 음식은 재료 맛보다 양념 맛이다.
달고 매운 것이 대세다.
그러다 보니 매우면 매울수록 달면 달수록
달달하고 매콤하게 만들기 위해서
소금으로 간을 맞추다 보니 소금을 많이 넣는다.
소금은 음식이 가지고 있는 원래 맛을 내게 한다.

단맛은 독이고 짠맛은 병이다.
매콤하고 달콤한 맛보다는
재료의 맛을 살리는 요리가 건강하다.
몸과 마음이 조화를 이루는 웰니스wellness.
산을 걷노라면 건강한 자연이 눈앞에 있다.

산을 간다.
나무를 보고 걷고 숲을 보고 생각한다.
계속 걸으면 산이 되고
말을 하면 인생이다.
이 산 저 산 가면서 이 얘기 저 얘기
산과 사람이 사랑으로 이어간다.
바람 불어 걷노라면 나는 풍경이 되고
바람은 원점으로 회귀한다.
시간은 언제나 새로운 공간을 탐한다.

人文, human nature
人文은 사람의 무늬다.
무늬는 자연스럽다.
산을 걸으면서 보고 느끼고 생각하고
가파른 바위도 오르고
어느 순간 정령도 직감한다.
사람에 대한 모든 것이 인문이다.

진화 과정에서 사람의 무늬는
다양하게 변화했다.
생명의 세월이 무수히 흐르면서
자연스럽고 우연한 계기로
진화한 산물이 마음의 진화다.
파르르 떨리는 마음을
DNA는 알고 있다.

초록색이 유난스럽다.
조침령에서 갈천곡봉 가는 길,
파란 하늘 푸른 나무 흑갈색의 길을 간다.
5월의 색이다.

오딧세이를 쓴 호머는 바다를 두고
'어두운 와인색의 바다 oinopa penten'란
표현을 반복적으로 썼다.
지중해 지역 그리스인들과 유대인들은
어두움과 밝음에 대한 색깔을
3~4개 정도로 표현했다. ----〈앤티프래길〉

색깔은 문화의 산물이다.
색에 대한 생각과 표현이 옛날에는 애매모호했으나
시대와 문화의 변화에 따라서
섬세하고도 혁신적으로 표현되었다.

태양의 가장 강한 빛은 초록색이다.
태양의 온도 6000도를 넘으면 흰색으로 보이는데
이것을 분해하면 녹색이 가장 강하다.
섭씨 9000도를 넘기면 푸른 색으로 보인다고----.
초록이 좋다.

산을 가노라면 섬뜩한 순간이 있다.
눈 쌓인 빙벽.
대야산(919m)을 오른다.
손과 발의 확보가 불안한 순간,
한 번의 착지 실수가 낭떠러지로 떨어지니
소름이 끼친다.
마지막 사람이 올라올 때까지
긴장이 계속되고 아찔한 순간순간이다.

섬뜩하고 공포스런 역사 얘기다.
15세기 스페인 초대 종교재판소장이었던
토마스 토르케마다(Torquemada 1420~1498).
취임 후 18년 동안 11만 명을 이단으로 고발하고 추방했으며,
1만 명을 화형으로 처형시켰다.
모골이 송연한 잔인과 광기의 상징이다.

인생은 어느 때 어느 곳에서
누구를 만나 동행하느냐가 중요하다.

여백으로 걷다

살아가는 데
자기 손을 잡아주는 것은
결국 자신이다.

너는 너, 나는 나다.
이것이 시작이고 끝이다.

세상의 이치는 변화다.
무상(無常)이 삶의 동력이다.
순간순간 변화를 직감하는 것이야말로
자신의 존재를 확인하는 것이기도 하다.

여시축(與時逐)이다.
시대의 변화를 직시하고 실천한다. -〈易經〉

걷는 자세는 서 있는 자세의 연장선상이다.
오래 서 있을 수가 없으니 걷는다.
걷는 것이 일하는 것이다.

직립이야말로 인류 진화의 지존이다.
서 있거나 걷는 자세가 정상이고
자신에 대한 집중과 몰입이다.

서 있는 자세가 인체의 혈액순환, 장기 활동,
뇌 기능이 정상이고 활발하다.

인생이란 제멋대로 사는 것이 좋고
무엇에 얽매이거나 허둥대다 보면 얼굴 빨개진다.

높은 산을 우러러보고
그냥 큰 길을 따라 가라. —〈詩經〉

사람이 그리울 때 나는 네루다를 생각한다.
마추픽추의 사랑과 절망의 순간을 풍문(風聞)으로 듣는다.

스페인의 라틴 아메리카 식민 지배와 착취는
인간 비극의 극치였다.
이후 미국의 정책도 그의 아류였다.
선거에 의한 사회주의 정권을 수립했던 칠레의 아옌데,
아옌데는 쿠데타군의 총을 맞고 사라졌다.
아옌데와 절친했던 네루다가 아니던가.
마추픽추 산정을 나르는 콘도르처럼
그의 영은 맑고 고요한 새가 되었다고….

따분하고 지루할 때는 신선한 발상을 한다.
당나라 시인 두목(杜牧)이
항우가 죽은 지 1,000년 세월이 지난 뒤
오강을 지나면서 〈오강정에서〉란 시를 썼다.

이기고 지는 것은 병가지상사라 예측할 수 없으니
수치를 참고 욕됨을 견디는 것이 진정 대장부라.
강동의 자제들 중에는 유능한 인재들이 많으니
흙먼지 일으켜 다시 왔다면 결과는 알 수 없었으리.

勝敗兵家事不期 包羞忍恥是男兒
江東子弟多才俊 捲土重來未可知

항우는 해하에서 사면초가에 빠지자 오강으로 도망, 자결을 했다. 자결하기 전 정장이 강동으로 후퇴했다가 재기하자는 말을 뿌리치고 자결을 했다. 죽은 항우는 장부의 체면을 지켰겠지만 남은 군사들은 어쩌란 말인가.

장부는 인내와 기량이다.
도량이 작으면 군자가 아니며, 잔인하고 독한 마음이 없으면 대장부가 아니다. －〈兵以詐立〉 중에서

어떤 풍류객이 요염하고 아리따운 창녀의 그림을 갖고 한 선사를 찾아가 그림에 대한 찬(撰)을 부탁하니 선사가 아래와 같이 단숨에 썼다고 한다.

부처는 진리를 팔고
조사는 부처를 팔고
말세의 중들은 조사를 팔아 사는데
그대는 다섯 자의 몸을 팔아서
일체 중생의 번뇌를 편안케 하는구나.
색즉시공 공즉시색
버들은 푸르고 꽃은 붉도다.
달은 밤마다 물 위를 지나가건만
그림자를 남기지 않는다.

덧없는 세월
내 품에 안긴다.

살면서 알 수 없는 것이 내 맘이요
죽어서도 풀리지 않는 것이 네 맘이다.

자기 암시에 사로잡혀 사는 한 평생이다.
산에 있으면 산과 산들이 얘기하는 모습이 있다.

무엇에 얽매이지 않고,
한 곳에 머무름도 없이 사는 것이야말로
지극한 즐거움이고(無爲無位) 귀한 삶이다.

산(山)사람들의 전설, 라인홀트 메스너.
알파인 스타일로 히말라야 산맥의
8,000m 이상 산을 올랐고,
자연에 대한 무한한 사랑과 열정으로
인간의 자유의지를 고취시킨 사람이다.

자신이 해야 할 일을 셰르파에게 맡기고
셰르파를 따라 산에 오르면
그건 등반이 아니라 관광일 뿐이라고...

자기 일을 스스로 하면서 사는 삶이 자연스럽다.

"비는 수직으로 서서 죽는다."
허만하의 시 '프라하의 일기'를
독문학을 전공한 심 총각이
독일식 리듬으로 읽었다.
허 시인의 시심이 가슴을 파고드는 순간,
홀연히 우리는 하나 되어 숲을 이루었다.

이 세상에 직선은 없다.
자전과 공전을 하는 회전체에
직선이 아닌 곡선과 입체가 있다.
고정된 목표가 아닌
움직이는 선상에 상대인 네가 있다.

능선에 부는 바람 봉우리를 만들고
봉우리에 떨어진 물이 계곡이다.
산은 스스로 솟아오르고
나무는 전설 따라 숲을 이루었다.

역사적으로 인간은
산에서 자유와 해방을 깨달았고
불굴의 저항과 투쟁을 이어왔다.
호연지기(浩然之氣)의 용기와
적멸(寂滅)의 고요가 있는
산, 그 산이 내 품에 안긴다.

한편 내가 좋아하는 산사람이
에르네스토 체 게바라(che guevara)다.
게바라는 지금도 청춘의 피를 끓게 한다.
창공을 나는 새처럼 자유롭고
강철 같은 의지와 열정으로
세상을 사랑했던 사나이…….

알레르기성에 대한 박사논문을 쓴 체 게바라는 "의사는 개개인의 환자밖에 구할 수 없지만, 뛰어난 정치가는 만인을 구한다."는 신념과 휴머니스트의 철학으로 혁명전선에 섰다. 두 살 많은 카스트로와 운명적으로 만난 게바라는 미국과 싸워서 마침내 불가능하다고 여겨졌던 혁명을 이루었다.

그의 나이 28세 때였다.

그리스 신화에서는 인간과 산이 만날 때 위대한 일이 이루어진다고 했다. 신화에서부터 지금까지 산은 반역과 혁명의 산지(産地)다.

프로메테우스가 코카사스 산중에서 고통을 견디어 온 이래 동서양의 성인과 영웅들은 산에서 빛을 받았고 기적을 행했다.

높은 산에 오르면 시를 읊고
낮은 곳에 임하면 이웃을 사랑하라.
자유롭게 세상을 살아가라는 메세지이다.
푸른 하늘, 붉은 햇살, 녹색 지구.
우리를 아름답게 한다.
산정(山頂)에 맑은 영이 있다고.

물마시고 하늘을 보았다.
흔적 없이 하늘을 나는 새.
아름답다.
진정한 새의 아름다움은 성적 아름다움이다.
새들의 생존과 번식은 치열하다.
짝짓기 상대에 장기와 매력을 과시한다.
보기 좋고 듣기 좋은 상대를 찾는 순간,
암수는 탐미적(耽美的) 광기를 발동한다.
어떤 새는 바이올린을 연주하듯
날개를 켜면서 구애를 한다고….
번식은 예술행위의 걸작(傑作)이다.

하늘을 나는 새.
'얼마나 빨리 나느냐?'가 아니라,
'어느 정도의 속도가 가장 효율적인가?'이다.

빠른 게 능사가 아니라
상황에 맞는 속도가 중요하다.
〈미야모토 부사시〉

전쟁에서 중요한 것은 절대속도가 아니고
적의 속도와 비교한 상대속도, 운동의 속도다.

밥은 평등하다.
평등하지 못하면 투쟁과 반란이 있다.
인류 역사는 먹고 사는 생존 문제의 역사였다.
평화(平和)는
쌀(禾)을 골고루(平) 먹는다(口)는 뜻이다.

우리가 먹는 것에도 혼이 있다.
지구 탄생과 생명의 진화란 무궁한 세월.
생명 에너지의 역사가 그것이다.
요리가 코믹하고 수다스런 요즘.
포식이 유행이다.
때와 장소를 가리지 않고,
먹는 맛이 사는 멋이 되었다.
탐식과 탐욕을 이처럼 즐기는 세태에서
웰니스(Wellness)는 민망하다.
건강한 몸과 건전한 생각으로
베풀고 함께하는 생활의 덕목이 좋다.
균형감이 있는 사람은
먹는 음식을 탐하지 않는다.

먹었으니 갈 길을 간다.

맛의 가치는 기다림이다.
식품이 숙성될 때까지
열매가 익을 때까지 기다린다.
때를 알고 마음을 기다리는
사람.
이것이 멋(풍류)있는 인생이다.

이 세상 진정한 맛은
바로 맛이 없는 맛이다.
아무런 맛없는 맛이 바로 본연의 맛이다.
보통 오미(五味)의 양념 맛으로 먹는다.
비슷한 맛은 가짜다.
담백하고 신선한 재료 맛이 진짜다.

무덤은 죽은 자를 기리고 기억하는 곳이다.
권세와 부귀를 영원히 지속시키려는 족속들은
화려하고 튼튼하게 만들어야 되겠지만
초로(草露) 같은 인생,
한 번 가면 오지 않는 것을 뻔히 아는데
뭐 그리 수다 떨 것이 있겠는가.
죽은 사람의 영혼을 땅에서 찾지 말라고 했다.
내 무덤은 조용히 생각하는 사람들의
마음속에 있을 것이다.

공즉시색(空卽是色) 색즉시공(色卽是空)
보이지 않는다고 실체가 없는 것이 아니고
보인다 해서 실체가 있는 것도 아닌…….

박달령의 새벽길
여명의 발걸음 따라 벌레소리가 리듬으로 들린다.
얼굴 땀방울을 비추는 햇살을 염탐하듯
바람이 헤잘거리다 보니 선달산 삼거리다.
배낭을 벗어놓고 기지개를 켜면
산 아래 김삿갓 묘지가 떠오른다.

방랑시인, 걸인산천
이곳저곳 떠도는 김삿갓의 한평생
만나는 사람마다 즉심즉시(卽心卽詩), 시경의 시심이다.
무념유상(無念有想)으로 두타의 길을 가는 듯
하루하루가 고요히 빛난다.

바쇼의 유랑과 걸식
이리저리 떠도는 듯 가고 싶은 대로 보고 듣고
탈속을 갔노라
무소유로 깨닫고 속세로 돌아간 사람
하이쿠를 지고서 떠돌았던 바쇼

있는 듯 없는 듯 은일하는 사람이 좋다.

이마에 맺힌 땀방울에 동트는 햇살이 꽂힐
자전과 공전이 교차하는 시·공간에서
그 빛깔은 보석보다 더 영롱했다.

알베르트 아인슈타인은
이성적으로 생각하지 않는 그냥 일상에서
위대한 발견을 하였다고 했다.
그냥, 걸어라.

노벨 물리학상을 탄 마이클 코스텔리츠가 말했다.
그가 상을 받을 수 있었던 것은
순수한 행운, 순수한 우연이었다고 했다.
적절한 때에 적절한 곳에서
적절한 사람을 만났던 행운의 결과라고….

쉬었다 가자.

걷는 동안, 그때 그곳에서,
사물을 있는 그대로 직관하는,
그런 즐거움이 어디에 있겠는가?
산에 있으면 살아 있는 생명의 숨소리가 있고
수십 억 개의 세포가 나의 몸에서 파동을 친다.

지리산 1

지리산에 오르면
바람(마음)으로 걷고 걸으면 추억이 된다.
지리산의 산천경계는 어머니의 품속 같다.
계절의 모습이 마음속 여운으로 있다.

지리산에 해가 돋는다.
능선과 봉우리 따라 햇살이 퍼져 나간다.

내가 선 곳으로 먼저 햇빛이 온다.
햇빛은 지리산 구석구석을 비춘다.
지리산이 수줍게 일광욕을 즐긴다.

햇살은 해방이다.
그 빛은 거짓과 위선이 없다.
밝은 세상에 억압과 착취는 아니다.
빛이 퍼지는 순간, 직관이다.

생명의 에너지인 햇빛,
우리 내면을 구석구석 밝힌다.
빛처럼
멋대로 살라[放行]는
해방의 메시지[默示]다.
빛으로 살아가는 지구
자전과 공전으로 빙글빙글
춤추는 세상이다.

지리산 2

토끼봉에 바람 분다.
지리산의 단전처럼 느껴진다.
삼도봉에서 영신봉을 아우르는 산자락 따라서 바람이
잇는다.
빗점골에서 죽은 이현상 대장의 혼이 흩어지는 바람인가.
맑은 하늘, 새 한 마리가 허공을 나른다.
저항과 투쟁, 슬픔과 고통의 세월을 보내고
자유와 희망의 새 세상을 노래하듯 유유(悠悠)히 나른다.

안데스 계곡을 나르는 콘도르가 있다.
1780년 원주민 국가를 세우려고 해방투쟁을 벌였던
투팍 아마루다.
그는 잉카제국의 전통과 정신을 계승하고자
민란을 주도했다가 체포되어 쿠스코 광장으로 끌려나왔
다.
사지를 찢기는 형을 받았다.

그의 두 팔과 두 다리는 네 마리의 말에 각각 묶였다.
이윽고 네 마리의 말이 사방으로 움직이자
그의 몸은 공중에 떠서 파르르 떨었다.
〈철새는 지나가고〉 노래처럼……
--〈바람의 노래, 혁명의 노래〉

공중에 떠서 몸이 파르르 떨리는 투팍 아마루는
날개를 펼친 콘도르에 비유되었다.

연하천의 물 냄새를 맡으며 걷는다.

지리산 3

백두대간 선상에서 가장 높은 봉우리 천왕봉(1915m)
정상에 오른 사람들은 모두 기뻐한다.
슬픔과 절망, 괴로움과 회한도 한순간에 기쁨으로 폭주
한다.
누구나 다 마음속에 로마가 있다.
속진을 훌훌 털고 더 높은 곳으로 비상하려는 단심(丹心)
이다.

하늘 아래 천왕봉.
천왕봉과 하나 되어 아름답다.
대간 종주를 마무리하는 이수연 대장의 축문이다.

"날마다 하는 일이 따로 없고,
오직 나 자신과 만나 어울린다.
2013년 3월부터 시작한 불기(不器)대간
늘 시작은 별빛을 보며 걸었고,
해를 안았고, 바람으로 인내했다.
번잡함을 벗어 던지고 오롯이
나를 만날 수 있었던 시간들….
'산을 본받고 물을 규범 삼는다'는
고언(古言)이 있다.
대간 길이 우리에게 들려준 선물이다."

축문 소리가 높은 곳으로 퍼져 나갔다.
여성 대장으로 안과 밖을 챙기느라
힘들었을 텐데 내색이 없다.

비가 오나 눈이 오나 더우나 추우나
아무 말 없이 받아주는 산을 본받은 덕목이로다.
산을 오르는 기량과 내려가는 도량
모두에게 점, 선, 면으로 이어졌다.

세석 대피소에서 하룻밤,
아침에 눈을 뜨고 천장을 보았다.
천장 위에 허공이다.
모두가 잘 살고자 한다.
네가 알고 있는 것, 내가 알고 싶은 것
더 많이 아는 것보다 지금 알고 있는 것을
하나로 묶어 쉽고 단순하게 한다.
거침없이 하려면 단순 명쾌해야 한다.
지혜는 행하고 얻는 기쁨이다.

바람도 길이 있다

푸른 산들의 살아가는 내용은 치열하다.
적의 공격과 생존의 방어수단은 다양하다.
적의 공격에 도망갈 수 없는 식물.
초식 동물에 대한 유일한 방어 수단은
독성 물질을 갖는 것이다.

지구상에는 약 3천 종의 화학물질이 있다고 하는데 식물이 합성한 것이 대부분이다. 식물은 지구상의 화학공장이다. 공격하는 초식동물과 방어하는 식물은 서로 독성을 가지고 치열하게 생존경쟁을 한다.

서로간의 관계는 모순이다. 즉 초식동물을 다 방어할 수 있는 식물도 없고 식물을 다 먹을 수 있는 동물도 없다고 한다. 자연은 평화로운 것 같지만 그 안에는 언제나 생존투쟁의 처절함이 있다고 한다.

우뚝 솟은 고적대
오를 때마다 바위가 조금씩
자라는 듯 가파르다.
봉우리에 부는 겨울바람
면도칼로 나의 뺨을 찢는다.

※고적대. 동해시 청옥산 능선에 위치한 바위 봉우리.

도(道)는 중생의 마음 따라 감응한다고 했다.
한 걸음 한 걸음 걷는 순간,
자신의 눈높이 따라 정취가 흐른다.
나의 숨결이 바람 되어
산(山), 산으로 흩어진다.

바람 많은 점봉산 서북 주능
산 높이 따라 나무들이 억세다.
오를수록 작아지는 나무들이지만
억겁의 세월을 이어왔다.
뒤돌아보는 설악의 경치가 아름답다.
흘림골을 사이에 두고 설악의 모습이
시시각각 다채롭다.
구름에 걸린 산악이 바람 따라
순간 순간 변화롭다.
점봉산이 밀고 설악산이 당긴 풍경인가,
설악이 밀고 점봉산이 당긴 그림인가.
일월상추(日月相推)라 했다.
해와 달이 밀고 당기는 가운데
아름답고 신기한 세상이다.
스스로 돌면서 태양을 도는
지구는 다함이 없다.

소청(小靑) 풀밭에 섰다.
상쾌한 아침바람 풍경을 만든다.
어제 지나온 공룡능선
호연지기로 피어오른다.
소청의 저녁놀이 황홀하지만
오늘 아침 이 순간 나는 희망을 본다.

'한 알의 모래 속에서
세계를 보고
한 송이 들꽃에서
천국을 보기 위해
손바닥 안에 무한을 붙들고
시간 속에 영원을 붙잡아라.'

-브레이크의 〈순수의 전조〉 중에서

정상에서 이것저것 먹었다.

맑고 밝은 하늘의 기운도 먹었다. 이것이야말로 기운생동(氣運生動)의 양생법이다. 먹지 않고(단식) 정좌하고 깊은 숨만 쉬면 건강에 나쁘다. 치명적일 수 있다. 생리작용을 벗어난 비과학적인 기(氣) 살리기 수련은 연단술(煉丹術)이나 연금술의 술수가 있다. 진정한 기(氣)란 고루고루 잘 씹어 먹고 에너지가 활발하게 순환하는 가운데 생긴다. ∴원래 기(氣)는 기(炁)자다. 炁는 火가 無다.

자신의 노력으로 양생장수(養生長壽)다.
명(命)이란 하늘에 있지 않고 타인에 의지하지도 않고,
스스로 자기 자신에 있다.
이것저것 먹어서 스스로 기운을 돋운다.

이러나저러나 언제 어디서 산다는 것은 의탁하는 것이요, 어떻게 살았느냐가 중요하지만 결국 자기만족이다. 죽어서 홀로 돌아간다.

"우리 모두 오고 가는 이 세상은
시작도 끝도 본디 없는 법.
묻는다고 한들 어느 누가 대답할 수 있으리오,
어디서 왔다가 어디로 가는가를!"

12세기 페르시아의 오마르 카이얌이 쓴 〈루비이야트〉의 한 구절이다.

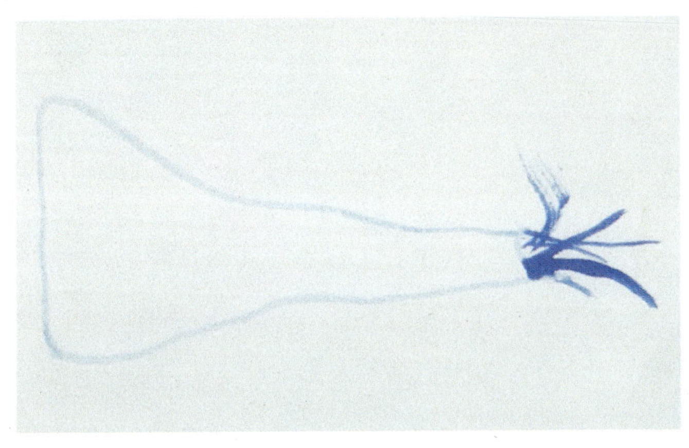

양백지간에 섰다. 태백산 부석사는 화엄종의 본산으로 숭상한다. '하나가 다이고 다가 곧 하나다.'를 깨닫는 화엄의 사상은 신라 통일의 정신적 역할을 했다. 그런데, 오늘 부석사는 초라하다. 사람은 있으나 도통이 없다. 각화사에는 고우 스님, 축서사에는 무여 스님도 있으나 사람이 많은 부석사는 세파에 시달린다.

사자상승(師資相承)이라 했다.
제자는 스승의 심인(心印)을 이어받는다.
경험을 통해서 제자는 언제나
스승의 메시지를 실천한다.

스승은 스승 시대의 가치 속에 살고
제자는 제자 시절 따라 산다.
중생과 함께 하려면 제자가 스승보다
혁신적 메시지가 있어야 한다.
독창적이고 진취적인 깨달음만이
중생과 더불어 진화한다.
사승(師承)은 적응이며 혁신이다.

조동종 개산조인 동산양개는
스승인 운암담성 선사에게 이어받았다.
그의 선풍은 치열했다.
"스승의 인격과 도에 미치지 못한 제자라면
불태워 죽여 버려야 한다."고 했거늘.

선사들의 광기와 치열함,
도를 찾아 헤매는
궁극의 자유스러움이다.
껍데기는 가고 순수는 빛난다.

바람소리 시심이 되어 마음에 눕는다.
내가 좋아하는 산 사람 로제 뒤쁘라의 〈그 어느 날〉.

내가 산에서 죽으면 전하여 주게.
어머니에게는 행복한 죽음이었다고,
나는 어머니의 곁에 있었으니 아무런 고통도 없었다고,
그리고 아버지에게는 사내답게 죽어갔다고,
아우에게는 너에게 바통을 넘기는 것이라고.

그리고 다정한 아내에게 전하여 주게.
내가 돌아가지 않더라도 꿋꿋이 살아달라고,
당신이 옆에 없을 때에도 내가 항상 살아 왔듯이
자식들에게는 내가 오르던 고향의 바위산에
나의 애탄 손톱자국이 남아있을 것이라고.

마지막으로 나의 친구 그대에게
나의 피켈을 집어주게.
피켈이 치욕 속에 죽어가기를 나는 바라지 않나니,
어느 날 아름다운 암장에 가지고 가서 그 피켈을 위한
조그마한 케른을 쌓고 거기 피켈을 꽂아주게.

빙하 위에 빛나는 새벽의 빛과
능선 위에 비쳐진 저녁 햇빛을
나의 귀여운 피켈이 되쏘아 비칠 수 있도록
나의 친구인 그대에게 전할 선물.

나의 해머를 받아 주게.
그리고 화강암에 피톤을 박아줄 것을.
그것은 몸서리칠 만큼 기쁘도록 나의 온 몸을 흔들었나니
암벽이나 하늘에 한껏 그 소리가 울리도록 하여 주게.

아 아 친구여.
나는 그대와 함께 항상 있나니….

산을 사랑했던 시인은 시처럼 산에서 사라졌다. 언제 어디서 죽었는지 알 수 없는 산 사람. 산에서 불귀의 객이 된 사람. 지금도 소식이 없네.

사람이 사는 세상은 번잡하고 혼탁(混濁)하다. 지난 100년 동안 세계는 산업화로 큰 변화를 겪었다. 산업화의 동력은 수백만 년 동안 태양에너지가 저장된 석유 덕분이다. 석유는 고대식물의 액화로 변한 것이다. 난방하고, 자동차를 움직이고, 화학섬유로 옷을 만들고, 비료를 만들어 식량을 증산한다. 플라스틱 용기, 약품, 컴퓨터, 디지털 세계도 석유가 없으면 불가능하다.

우리는 지금 일상생활에서 석유가 없다면 당장 구조적으로 움직일 수 없는 시스템 속에 살고 있다. 그러다 보니 오염으로 자연환경이 심각하다. 이산화탄소, 메탄가스, 온실가스 등이 대기권을 덮고 있으니 애당초 화학원료를 만들었던 태양에너지가 갇히게 되었다.

〈시간의 모든 것〉

거칠 것 없는 푸른 하늘의 자유로운 공간, 대기권이 몸살을 앓고 있다. 우리가 살고 있는 흙 속에 탄소 보유량이 엄청나다.

산업혁명 이후 대기권 이산화탄소의 3분의 1은 화석원료에서 생긴 것이 아니라 흙의 유기물질 감소에서 생긴 것이다.

흙을 살려야 한다. 석유 에너지를 줄이고 대체 에너지를 만들어 써야 한다. 자연을 치유하고 회복하는 것이 생명력을 키우고 사람을 건강하게 한다. 그렇지 않고 이대로 간다면 자연 생명의 신비로움도 인간의 정서도 메말라지고 흐트러질 것이다.

인간이 자연처럼 살아간다면 지구는 원 상태로 되돌아갈 수 있을 것이다. 태양에너지를 직접 받아쓰고 물과 바람으로 산업을 발전시키면 인간이 자연과 화해하고 평화롭게 살 수 있을 것이다.

혁명적 발상이 있어야 한다. 혁명(revolution)이란 본래 자연과 천체의 흐름이다. 인위적인 조작과 탐욕이 아닌 지구와 천체의 법칙으로 되돌아가야 한다. 현재 낡고 찌든 생명을 반짝반짝 빛나는 새로운 생명으로 태어나도록 하는 것이다.

얼마나 신통하고 아름다운 일인가.

걷다가 힘들면 나무에 기대고
땀이 흐르면 바람이 부는 숲을 보고
숨이 차면 하늘을 쳐다본다.
그냥 걸어라.
사람마다 다르고
그때그때마다 다르니….
내가 걷는 발걸음이 길이 되고
네가 가는 길이 인생이다.

걷는 순간 순간에
농조득탈(籠鳥得脫)의 해방감이다.

봄바람이 꽃바람이다.
그때가 좋다.
바람으로 암수가 만나니
신나게 살아간다.
풍매(風媒)가 생존전략이다.
식물의 암술대는 바람 많이 맞는 부위에 있고
공기가 주위를 빙글빙글 돌도록
본능적으로 태어났다.
바람의 속도를 늦추고 소용돌이치니
꽃가루를 채집한다.
심오하고 아름다운 번식 현장이다.

우리 교육이 체제에 순응하고 제도에 맞추는 학교 교육이다. 과거의 가치가 아닌 오늘과 내일의 희망 교육이 좋다. 학교를 레크레이션 센터로 바꾸어야 한다.

어릴 때부터 새장 속에 갇힌 새처럼 자라면 자유로운 하늘을 만나더라도 높이 날지 못할 것이다. 변화에 순응하고 위기에 대응할 수 있는 자연스러운 아이들 교육이다. 방목(放牧), 방행(放行)하면 그것이 보인다.

일하는 시간도 생각하는 공간에서도 효율성이란 가치에 매인 세상살이다. 자연의 시공간이 아닌 물신의 세상에 살고 있다. 자녀 교육도 효율성이다.

몽테뉴는 아이들이 타고난 기질에 맞지 않게 훈련시키느라 헛된 수고를 하고 아까운 시간을 낭비한다고 했다. 에머슨은 교실에 감금되어 많은 어휘만을 익힌 채 세상에 대해서 알지 못하고 학교를 나선다고 했다.

산에는 다양한 생물들이 계절의 변화에 자연스럽게 적응(適應)한다. 서로 돕고 저절로 어울려 사는 모습이 부러울 뿐이다. 수십 억 년 동안 세대에서 세대로 이어온 나무와 풀들을 생각한다.

춘추전국시대 초나라 장왕이 애지중지하던 활을 잃어버렸다. 참모들이 당황해하자 장왕이 찾을 필요가 없다고 했다. 내가 활 하나 잃어버리면 다른 사람이 활 하나 얻게 된 것이니 얻은 것도 잃은 것도 아니지 않느냐. 내가 쓰는 것이나 다른 사람이 쓰는 것이나 다를 게 뭐가 있겠느냐.--易經

산에 있는 것들, 시간과 공간 속에서 너나없이 서로 좋아서 쓰고 즐기면 그만이지 않은가. 이것이 산의 일상이고 철학이다.

걸으면서 생각했고, 생각하니 경쾌했다.

경쾌한 순간에 철학이 있다. 느끼고 생각하면 곧 행하라.

힘들고 지루하다 해도 걸어서 오늘의 구간을 마감하는 것 자체가 철학이다. 눈앞의 일을 실천하고 해결하는 일이다.

철학이란 누구는 be, 존재에 관한 것이라 했고 누구는 do, 행하는 것이라 했다. 그런데 앙리는 fight, 투쟁이라고 했다.

철학은 지금 이 순간 실천하는 것이다.

평화로운 삶이다.

세상에 똑같은 것은 없다.
제 태어난 대로, 제 스타일로 산다.
유행 따라 살지 말라.
시간만 헛되다.
자연의 흐름 따라
우주의 신비하고 아름다운 색깔 따라 산다.
산을 걸으면 그것이 보인다.

산을 걷노라면 자신이 보인다.
몸의 세포가 활발하게
온 몸으로 파고드는 촉감이다.
자존으로 살아가라는 메시지다.
잘난 척도 바보스러움도 발걸음에 맡기고
눈으로 보고 마음으로 놀아라.
그냥 본능 따라 단순하고 쉽게 걸어가라.
그것이 인간의 진화다.

남덕유산의 유불선.
서봉의 꽃들이 상서롭다.
햇빛처럼 밝고 나비처럼 아름답다.
꽃에 홀린 텅 빈 마음을 바람이 채워주니
별유천지 비인간(別有天地 非人間)이다.

서봉의 석간수는 대간선상의 명물 약수(藥水)다.
땀방울이 떨어지는 순간 물 한 모금 마신다.
기찬 물맛에 화광동진(和光同塵)이다.
직관의 발걸음은 가볍기만 하다.

초파리는 1초에 220번 날개를 떨면서 사랑 노래를 부른다.
수놈이 암놈을 에워싸고 춤추고 뒤꽁무니를 졸졸 따라다닌다.
농밀한 애무도 한다. 순간 번개처럼 짝짓기도 한다.
교미시간은 15~20분이고 암놈은 거듭 여러 수놈과 교감을
이어간다.
---〈생물학 이야기〉

이렇듯 어느 생물이나
좋은 DNA를 남기고자 죽을힘을 다해 살아간다.
7억 5천만 년 전에 생명이 생겨났다고 한다.
생명이 있으니 세상이 열렸다.
세상의 역사는 생존과 번식의 이야기다.
순간순간마다 예술의 행위가 아니겠느냐.

한 여름 왕성한 산하의 모습이 아름답다.
수많은 생물들이 잘 먹고 잘 사는 그 모습들이 신오하다.
풍성하고 왕성할수록 독성물질도 풍부하다.
모든 생물체의 독은 생존전략이다.
특히 움직이지 못하는 식물은
독을 무기로 공격과 방어를 한다.

사람이 먹는 음식에도 독은 당연히 들어있다.
일상에서 독을 제거하고 먹으니 시비가 없다.
소량의 독성물질은 쾌(快)함이 있다.
소량의 독성물질이 신체에 유익하게 작용하는 현상을
호르메시스(hormesis)라 한다.
일상의 따분한 생리현상을 자극,
즉 과잉반응을 촉진시킴으로써
유익하게 작용한다는 의미다.
〈안티프래질(antifragile)〉

산에는 호기심도 많다.

조용히 생각한다.
우리 사회가 좀 더 밝고 즐거운 생활을 하려면
자유롭고 낙관적인 세상이어야 한다.
산처럼 만물이 제멋대로 살아가는 현장에
창조적 분위기와 예술적 발상이 있다.
우리가 가지고 있는 편견이나 고정관념에서 벗어나
과학적 이해를 넓히는 데 있다.
근원을 바라보는 현자의 자세 말이다.

신비하면 고독하다.
비밀이 있어야 행복하다.

영감은
하늘에서 뚝 떨어지는 것이 아니고
찾아 나서야 한다.

새벽이 찾아오는 기미가 있다.
살아 있는 것들의 움직임이 신비롭다.
노인봉을 비추는 초승달
요염한 여인처럼 빛난다.
자연을 탐하는 사람은
속세에 무심하니 발걸음도 사뿐하다.
동해의 여명 따라 오늘을 걷는다.

1시간쯤 걸어서 우뚝 선 봉우리를 오르니
바람이 차고 몸에 땀이 흐른다.
내가 살아온 그림자가 따라 붙는다.
구차스러웠던 나의 행로가 아직도
실루엣이 되어 사라지지 않는다.
인간다움의 기본을 망각하고
우물쭈물하면서 살아왔던 꼴이 망연하다.
쌀 한 톨만큼 남은 세월 가슴에 묻고
일이관지(一以貫之)로 살고 싶다.

얼마 전 몽골을 갔다.
추운 바람이 많이 불고 일교차가 크다는 정보 따라
이것저것 여벌옷을 가방에 채웠다.
행운인지는 모르겠으나 머무르는 동안
맑은 하늘과 푸근한 날씨였다.
필요하다고 했던 것들이 무용이 되었다.
이러나저러나, 헛걱정거리 속에서 사는 일상이다.
미친 척하고 가볍고 단순하게 사는 인생이 좋다.

코끼리는 마지막 일생을 직감하고 죽을 터를 찾아서
곡기를 끊고 명상하다 죽는다고 한다.
삶과 죽음에 대한 예지력이 탁월한 신상(神象)이다.
아무도 알 수 없는, 영(靈)만이 알고 있는 죽음이다.
누구나 왔다가 가는 일, 나도 직감할 수 있을까!

늙고 병들면 무슨 재미로 사는가.
인간의 오묘한 섭세가 무너진다.
인체의 기능이 신비롭게 작동하고
자연과 우주의 현상이 무궁함을
생각할 수 있어야 생명의 의미가 있다.
인공적으로 억지로 살아가는 인생은
자연의 순리에 역행이다.
여기 레프 톨스토이의 〈메멘토 모리〉가 있다.
우리 모두 언젠가 죽게 된다는 사실을 기억한다면
삶은 전혀 다른 의미를 가지리라.

30분 후에 죽을 거라고 생각하는 사람은
어리석은 행동을 하지 않는다.
탄생에서 죽음에 이르는 인간의 삶을 보면
아침에 일어나서 저녁이 잠자리에 드는 하루의 일과 같다.
생각은 우리를 자유롭게 한다.
하지만 다시 생각해보니
우리를 가장 자유롭게 하는 것은 죽음이다.
죽어가는 사람의 행동은 깊은 인상을 남긴다.
그러니 잘 사는 것도 중요하지만,
잘 죽는 것은 더욱 중요하다.

3억 6천 5백 년 전에
동물이 바다에서 뭍으로 올라온 이래
생명이 죽고 죽어 이어온 생명의 진화다.
산은 죽은 생명의 무덤이다.
그래서 산은 신비롭고 아름답다.

어느 날 자연스럽게 늙어 곡기를 줄여간다면
생명의 촉수가 쇠미해지는 상태에서
나는 천천히 순수하고 천진하게 감응할 것이다.
대지에서 태어나 대지로 귀환한다는 것을….
삶이 곧 죽음이라는 스즈키의 화두처럼 말이다.
그러하니 삶이란 의탁하는 것이고,
죽음은 다시 돌아가는 것,
영원히 순환하는 자연의 현상이다.

인간과 자연은 영혼의 관점에서
근본적으로 유사하며
생태학적 도덕적 질서를 공유한다.
인류를 포함한 모든 창조물은
비슷하게 작용하는
물리적 생물학적 생태적 원리들을 반영한다.
이러한 원리들은 상호의존성과 상호관계성의
맞물리는 망을 통해 서로를 연결한다.
인간은 우주 안의 많은 생명 형태 중
단지 하나일 뿐이다.
〈잃어버린 본성을 찾아서〉

우루무치 박물관에 진열된 미이라.
앙상하나 형형한 모습이 얼마나 아름답지 말이다.
죽음은 귀신의 부름이 아니고
편안하게 잠자는 인류의 자기암시다.
죽음이 있기에 삶의 정화가 있다.
인간의 진화는 죽음으로 이어지는 창조의 발견이다.

햇살이 따갑게 비쳤다.
이때가 좋을 때다.
떠도는 일생, 즐거운 인생이다.

이 땅의 생명들
햇빛 따라 일어나고
바람 따라 흐른다.

물 흐르고 바람이 분다.
지구가 멈추지 않는 한
바람과 물은 끊임이 없을 것이다.

변화하는 자연현상에 세상의 이치가 있다.
세상은 고정된 것이 없고 시간 따라 변화한다.
사마천은 이렇게 말했다.
"시대에 맞춰 변화하고(與時遷移, 여시천이)
사물에 적응해서 변화한다(應物變化, 응물변화)."
시간과 공간 속에 내가 있다.
네가 있는 자리가 세상의 축이다.

전국시대 진나라가 축객령(逐客令)을 내렸다.
춘추전국시대는 자기가 태어난 나라에 관계없이
능력에 따라 이 나라 저 나라에 가서 벼슬을 할 수 있었으나
진나라가 객경(客卿)을 추방하려 했다.
이사(李斯)는 축객령에 대해서 이렇게 평했다.

"산이 높은 것은 이 흙 저 흙을 마다하지 않고 받아들인 것이고
강이 큰 것은 이 물 저 물 가리지 않고 받아들였기 때문이다."
그래서 이사의 개혁정치가 성공하여
중국 최초의 제국인 진나라가 통일을 이룩했다.

산티아고 가는 길(buen camino)을 쓴 장 이브 그레그와
르는 메세타 구간의 순례 길을 좋아했다.
"광활한 공간의 침묵에 귀 기울이고
심장이 육체의 움직임에 따라 더한층 뛰는 것을 느낍니다.
이에 머리가 텅 비고 특히 자신을 사로잡는
정직과 평정에 주의를 기울이는 무한한 순간이 도래합니다."
여행은 이제 시간을 거슬러 올라가는 것이 아니라
시간을 초월한 편력이 되는 것이다.

모든 일이 잘 먹고 즐겁게 살자고 하는 것이다.
격의 없는 사람들끼리 먹고 마시는 순간이
천상천하에 유아독존이다.
하얀 눈. 맑은 하늘. 직관의 스릴이다.
〈스릴. 과녁에 맞는 순간 화살이 파르르 떨리는 모습〉

오캄의 면도칼이다.

쉽고 간단하나. 易簡而天得 -〈易經〉
그래도 지구는 돈다. -〈갈릴레오 갈릴레이〉
simple하라. -〈스티브 잡스〉

살아 있는 것들의 생존과 번식.
우아하고 아름답다.
진화는 반짝반짝 빛난다.

"사는 것도 죽는 것도 마음대로 못 한다.
사는 것은 국가가, 죽는 것은 종교가
마음대로 하는 세상이었다.
그러나 세상이 변했다.
우리 종은 종교와 이념에 찌든 삶을 살아왔다.
우리는 우연과 필연을 통해 생겨난
지구 생물권 종의 하나다."
진화 생물학자 에드워드 윌슨의 생각이다.
이제 과학과 기술의 시대다.
사피언스의 저자 유발 하라리는
기술의 문제라고 했다.
말하자면 죽음은 성직자나 신학자가 아닌
엔지니어의 문제가 됐다.

오늘날 인간의 행복과 번영은
새로운 기술의 도움이 필요하다.
기적의 종교는 종말이 왔다.
과학과 기술을 살펴야 한다.
구글에서 죽음의 문제를 푸는

캘리오라는 자회사를 만들었다.
과학과 기술이 인지의 발달을 촉진시키는 참이다.
과거 신의 지배에서 벗어난 인간은
또다시 만들어진 신에 의해 매여 살 것인가!

자연스러운 세상이 좋다.
생명과 생명들이 평화스럽고
우주에 홀로 자유스러운
그런 세상이 좋다.

wire head 세상. 뇌 속에 칩을 이식한다.
자기 자신만의 가상세계를 창조해
언제든지 황홀경에 빠질 수 있는 세상이 온다.
인간의 마음과 정신을 PC처럼
프로그램화할 수 있다면 절대의 신은 없다.
자연의 기기묘묘함과 우주의 신비로 가득한
세상은 어디로 갈 것인가.

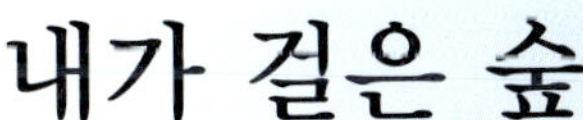

내가 걸은 숲

어머니가 말씀하셨다.
"네가 태어나던 날, 밥 지으려고 우물에 서자
붉은 해가 솟아올랐단다.
그 빛이 지금까지 너의 아우라가 되었을 것이다." 라고.

이따금 시원한 바닷바람을 맞으며
망망대해를 바라볼 때면
바다 멀리 그곳에 가고 싶었다.

우리가 사는 지구는
땅보다 바다가 더 넓은 해구(海球)다.
땅보다 더 넓은 바다로
지구보다 더 높은 우주로 가고 싶은 나는
나비 날개보다 가볍게 팔랑거렸다.
나의 환상(幻想)이 이루어질 수 있는 세상을 찾으려고….

중학교를 졸업하고 홀연히 부산으로 갔다.
부산항에 서자 대양을 건너 지구의 회전축을 따라
세상을 돌아보고 싶었다.
밀항을 하려고 며칠 동안 궁리를 했건만
초라하게 집으로 돌아왔다.
방피제에 부딪히는 피도처럼
산산이 부서지고 깨어진 꿈이다.
바보야! 문제는 모험을 계속하는 거야.

수녀처럼 한 평생 일만 하신 어머니.
성직자가 되고 싶다는 나에게
너만 생각하지 말고 가족을 생각하라고 모질게 하셨다.
그 후 고독과 방황이 나의 경계가 되었다.

당나라 때 선승 화정 선사.
언제 나고 언제 죽었는지 알 수가 없다.
득도 후 뱃사공으로 살면서
제자 협산선회를 강물에 빠트리며 도를 깨우치게 했다.
제자가 득도하자 스스로 배를 뒤엎고 입수,
익사(溺死)하여 사라졌다.

나에게 어머니의 삶은
흐르는 강 물결처럼 다가온다.

중학교 입학하자 4.19가 났다.
4.19를 겪은 형의 책꽂이에서
함석헌의 책을 읽었다.
생각하는 백성,
자유로운 영혼이 꿈꾸는
아나키스트의 기도와 외침에
울림이 있었다.

삼수령
Samsuryeong 400m
건의령
6.1km Geonuiryeong

고등학교 시절 어느 가을 날,
라이트 밀즈의 〈Listen yankee!〉를 읽었다.
한미 혈맹의 그때, 그 내용은 충격과 충동이었다.

2010년에 사사키 아타루가 쓴 〈잘라라 기도하는 그 손을〉을 읽는다. 1506년 슈트라스부르크 주교가 된 빌헬름 폰 스타인은 28년의 재임기간 중 고해나 설교를 단 한 번도 하지 않았다. 15세기 후반 마인츠 대주교였던 디터 폰 이젠부르크는 평생 단 한 번 미사를 집전했다. 수도원은 원래 학문, 노동, 금욕의 명상 장소였으나, 결국 귀족들의 사치스러운 향락의 사교장으로 전락했다. 성스럽고 비밀스러운 지배자들의 세속 생활은 부패와 타락의 요지경이었다.
그때나 이때나 기득권자들은 돈과 부패로 즐기고 가난한 사람들은 종처럼 살아간다.

읽는다는 것은 꿈꾸는 것이다.
고쳐 읽으면 혁명이다.
새로운 생명으로 태어난다는 혁명은
가면을 벗고 시(詩)가 되는 일이다.
벗고 또 벗어 벌거숭이로 산다.

조 브레이너드의 〈나는 기억한다〉를 읽는다.

1967년 대학에 입학을 했다.
서대문구 안산 기슭 아래 살면서
봄빛이 따사로울 때 근처 홍제동 화장터를 찾았다.
한 번 태어나면 반드시 가는 인생.
웃으며 태어났으나 갈 때는 슬픈 눈물을 흘린다.
화장터는 슬픔과 애통의 현장이고
망자의 자화상이 있다.

나는 기억한다.
가난한 사람의 시체는 빨리 타고
잘 산 사람의 시체는 오래 간다.
부자의 유골은 고운 가루에 양도 많고
빈자의 유골 가루는 대충 빻아 그냥 준다.
유골은 마지막까지 돈이 오고가면서
장인들은 돈 챙기느라 생떼도 쓴다.

김병휘 선생님과 만난 것은 우연이었다.
삶의 인연이었고 나에게 지혜로운 시간이었다.
그는 난삽하고 어려운 문제를 쉽고 간단하게 풀어냈다.
철학은 현실에 대한 자기통찰력이다.
불굴의 의지, 융통성 있는 실천이라 했다.
세월이 흐를수록 사모하는 마음이 깃털처럼 포근하다.
선생님의 호는 표운(漂雲)이다.

한걸음씩 걷는 사이에 선생님이 그립다. 흔들리는 나뭇잎에 비추는 햇살 따라 그 모습이 고요히 떠오른다.

2015년에 출판된 〈대통령의 욕조〉에서 선생님의 단상을 읽었다. 이 책은 미국의 국가문서 창고인 내셔널 아카이브(National Archives)의 내용이 일정 보관기간을 마치고 공개된 내용 중 한국에 관한 자료를 정리한 일부다. 1970년대 이후 미국은 매년 50만 개의 문서상자, 즉 15억 장의 문서가 모아진다고 한다.

1959년 7월 31일 죽산 조봉암이 사형되고 난 후 8월 11일에 작성되었던 글이다. 주미 한국대사관 2등 서기관이었던 하워드 B 쉐퍼가 죽산 사형 집행 이후 진보당 간부였던 김병휘 간사와의 대화를 정리한 내용이다.

김병휘 선생님이 세상을 떠나신 지 20년이 넘었다.

1970년대 중반 우연히 만났을 때 그분은 단아하고 조용한 모습으로 나에게 다가왔다. 당시는 한창 민주화운동이 치열한 상황이었던 유신독재 시절이라 인간에 대한 신뢰와 희망이 소중했다.

선생님의 정신은 혁신이다. 세상이 변하면 우리의 생각

과 삶의 조건도 변한다. 변화하는 상황에 맞는 작풍(作風)이 중요하다. 관념과 이상보다는 현장에 답이 있다고 했다. 맑은 인상처럼 쉽고 분명했다.

진보당 사건으로 옥고를 치렀던 선생님은 해방 전 만주에서 독립운동을 하셨고, 해방 후에는 민족운동을 하던 중 월남하여 대학 강단에 계셨다. 그때 죽산을 만나서 진보당 활동을 했다. 넉넉한 집안에 태어나 자유로운 세상을 꿈꾸며 멋대로 살다가 운명의 고비를 맞게 되었던 것이다.

진보당의 전략은 평화통일이다.

당시 이승만 정부와 미국과의 관계가 느슨했고 경제원조도 원활하지 못했다. 우리의 자구책이 필요한 시점이기도 했다. 죽산은 제주도를 홍콩처럼 자유무역지대로 설정하여 경제문제를 해결하려고 생각했다는 것이다. 죽산의 구상은 담대했다. 결국 2심에서 내린 사형선고도 이와 무관하지 않다고 했다.

진보당 창당 당시 당 기관지 '중앙정치' 간사를 맡았다. 창간호에 '평화통일론'이 발표되었고, 진보당 사건으로 절간되었다.

선생님은 낙관적이었고, 고정관념에 매이지 않으며, 자유로운 기품이었다. 과학자처럼 사고했고, 사려 깊은 자세로 미래를 낙관했다. 멀리 보고 현실을 직시하는 태도, 사물을 보는 지혜와 때를 아는 통찰력이다. 유유자적하면서 역사의 필연성을 믿는 휴머니스트였다.

삶은 배움터다. 사람들의 틈에서 살아가는 과정이다. 스승은 지식을 주고 교양을 익히도록 한다. 그러나 더욱 중요한 것이 감화를 받는 일이다. 세월이 흐를수록 자연스럽게 다가오는 인간의 향기가 아니겠느냐.

대학 때 유신정권과 싸우다가 임사 체험을 당했다.
긍계(肯脊)에 갈끝이 꽂히는 고문의 순간,
자신을 속이지 않겠다는 생각만 했다.

나는 죽음을 보았다.

1973년, 대학 시절 민주화운동을 했다고 중앙정보부에 의해 구속이 됐다. 사상과 이념을 다투는 공안 사건일수록 사실과 조작 속에서 검찰의 논리가 우선한다. 그러다 보니 그 당시 잔인한 고문으로 치명적인 고통을 당했다.

수호(水湖)의 호걸도 곤장 아래서는 자백을 한다는 말이 있지만, 나는 끝까지 사실을 지키려고 했다. 매에는 장사가 없다고 한다. 그러나 나는 양심과 진실에 어긋나면 안 된다고 생각했다. 최후의 발악으로 견뎠고 그래서 다쳤다.

서울구치소에 수감 중이던 초여름 어느 날, 피를 토하고 심장이 찢어지는 통절한 지경의 절명 상태에서 긴 터널을 헤맸다.

터널을 빠져나오는 순간 고통은 일순간에 사라지고 하늘을 나는 것 같은 해맑은 세상이었다. 이 세상에서 느꼈던 감정의 상태가 아니라 담담하고 고요한 세상이었다.

하늘을 나는 듯한 무궁한 분위기에 내 마음은 평화로웠다. 죽음, 생명이 끊기는 절명의 순간, 세상의 고통과 번뇌가 끊겨나가는 그 순간이 바로 고요와 열락의 순간순간이었다.

순수의 경지였다.

그 다음날 새벽 생명이 돌아왔다.

의사가 "살았다."고 하는 말을 들은 순간에도 내가 본 그 세상은 여전히 가물가물 남아 있었다.

순진무구하고도 순수한 세상, 고요하며 밝은 세상의 움직임이었다. 자유의지나 이성적으로 생각하는 세상이 아니고, 살아가면서 안식처로 느꼈던 세상이었다.

나는 혼수상태에서 4~5일을 더 보냈다.

지금 조용히 생각을 한다.

육체를 떠난 영혼이 있다면 그것은 순진하고 순수한 경지일 것이다. 종교에서 말하는 심판도 악마도 성령도 아니다. 갓 태어난 애기의 순진무구한 세상이 죽음 이후의 세상일 것이다. 사후가 있다면 아이 같은 세상이고, 어머니 품속과 같을 것이다. 햇빛, 바람, 물은 무상으로 인간을 살리듯 사후 세상은 자연스럽게 사는 세상천지일 것이다.

순간 나를 되돌아본다.

민주화운동은 우리 역사의 내적 필연성에서 발생한 것이다. 내가 그때 그곳에 있었기에 나에게 닥친 일이다. 임사체험 또한 전염병처럼 닥친 일이니 내 인생에 면역성(免疫性)으로 작용하게 되기를…….

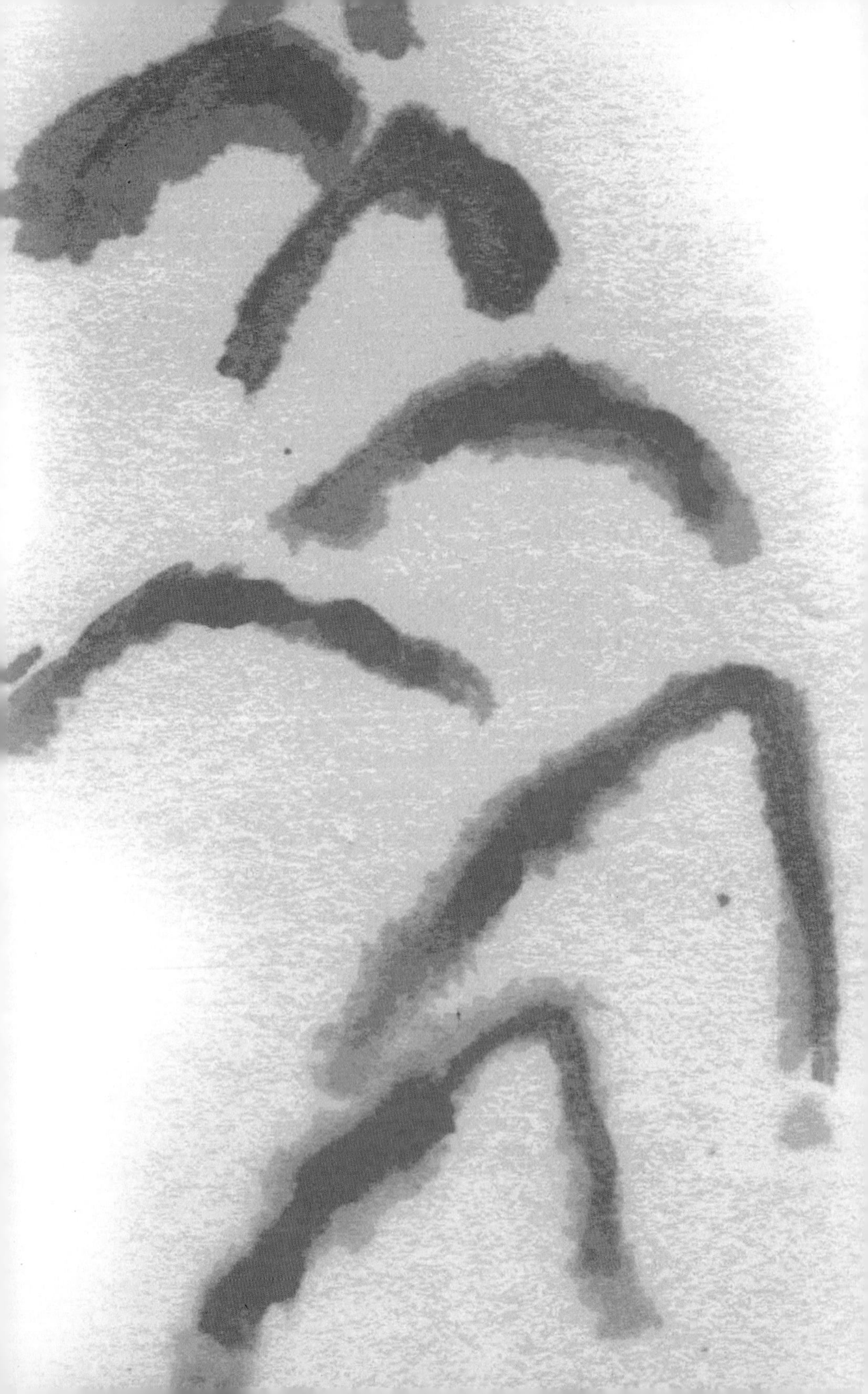

나는 흔히 양반이란 말을 즐긴다.
조선시대의 문반, 무반의 계급의식이 아니라
이 시대 인간의 교양과 품격을 생각하자는 뜻이다.
군자불기(君子不器)이듯 어느 하나의 틀에 규정되지 않고
또 어느 한 범주에 속하지 않는 자유로운 사람이다.
세월과 경륜 속에 스스로 넓고 깊게 채워가는
현대판 양반(兩班)을 말한다.

인간의 정체성은 우아하고 아름다운 인격이다.
양반의 에스프리(esprit)는 역지사지(易地思之) 자체다.
남의 입장에서 생각하고 스스로 실천한다.
강자에 눌리지 않고 약자와 어울리며 희망을 쌓는다.
무엇이든 행함에 거침이 없고
바람처럼 담백하고 허공처럼 조용하다.

누구나 자화상으로 산다.
자기 잘난 멋으로 살고,
세상의 트렌드(풍문)로 살아간다.
자기도취이며 자화자찬이다.
그런데 사람은 자기모습만 보고
여백을 보지 못한다.
달마도는 그 사람의 자화상이다.
달마는 인간의 잠재력을 찾아서 터득하고
실천한 참사람이다.
자기 마음의 여백을 보면서
지혜를 깨우친다.
그것이 인생살이다.

사노라면 만나는 현장이 있다.
살아온 세월이 있고 살아갈 희망이 있는 곳이다.
주유천하(周遊天下) 하는 시간과 공간에 네가 있다.
이 세상에 변화하지 않는 것은 아무 것도 없다.
원을 그리는 곡선 상에 네가 있다.
변화하는 세상과 자연에서 누구나 통찰의 순간이 있다.
신비로움이 아니겠느냐.
성인들의 자화자찬(自畵自讚)은
산전수전을 겪은 제자들의 집단지성이다.
좌충우돌, 우여곡절 속에 지혜로움이 있다.

백두대간의 주유산천(周遊山川)이 학교다.
피곤하고 허기진다 해도 머리는 맑고 마음이 고요하다.
여기 에스파냐 출신의 시인이자 신비주의자인
이븐 알 아라비(1165~1240)의 말이 좋다.
신비주의는 지식의 축적보다는 직감과 통찰력이다.

"하나의 교리만을 금과옥조(金科玉條)로 떠받들면서
나머지는 모두 불신(不信)하는 어리석음을 범(犯)하지 말라.
그랬다가는 좋은 것을 많이 잃을 것이다.
아니, 세상의 참다운 이치를 깨닫지 못할 것이다.
신(神)은 어디에나 있고 무엇이나 할 수 있으므로
하나의 교리에 얽매이지 않는다.
신은 '어디를 둘러보아도 거기에는 알라의 얼굴이 있다.'고 말한다.
누구나 자기가 믿는 것을 칭송한다.
나의 신은 내가 만들어낸 것이다.
그래서 신을 칭송한다는 것은 곧 자기를 칭송한다는 뜻이다.
균형 감각이 있는 사람은 남의 믿음을 나무라지 않는다.
남의 믿음을 싫어하는 것은 무지(無知)해서다."

새로운 세상을 꿈꾸다.

공자는 무녀의 사생아였다.

어린 시절 고아처럼 비천하게 살아 인간에 대해 깊이 생각하고 애정이 있었다.

춘추시대 노나라에서 양호와 대립하다가 제나라로 도망간 후 14년간 집 잃은 개처럼 떠돌다가 노나라로 돌아왔다. 이 나라 저 나라를 방랑하면서도 초지일관 자신의 뜻을 펼치려고 애를 썼지만 소용이 없었다.

그러나 스승을 따르는 제자들이 지혜롭고 의지가 강건했기에 후세에 공문세가(孔門世家)는 중국 사상과 문화의 근간이 되었다.

공자는 인간됨의 전형이다.

그는 장소와 때에 따라 자기 생각이나 아집(我執)에 빠지지 않고 사람과 일에 따라 적절하고도 평범하게 처신했다. 서로간의 언행에 균형과 조화, 인내와 지혜를 이루도록 산파 역할을 했다.

공자의 정신은 혁신이다.

그는 평생 동안 주나라 주공(周公)을 본받아 그의 생각을 펼치고자 했다. 주공은 주혁은명(周革殷命)을 실현시킨 혁명가다. 신화의 세상이었던 은나라를 멸하고 인간의 세상인 주나라를 만든 개혁 사상가다.

어느 날 한 제자가 어떻게 살아야 잘 사는 것이냐고 묻자 공자는 중용으로 살아야 한다고 대답했다. 그런데 중용으로 살기란 어려우니까 광견(狂狷)으로 살라고 했다. 광자(狂者)는 신취적이고 씩씩하고 자유스런 사람이다. 세상에는 악하고 못된 자들이 많으니 어둠과 싸워 사람답게 살려면 광기가 있어야 한다는 것. 광기를 변혁의 에너지라 생각했던 것이다.

유가사상은 제국의 이데올로기다.

백가쟁명(百家爭鳴)의 여러 정신과 사상이 난무했으나 한나라 때에 유가는 주류 이데올로기가 되었다. 천하(天下)를 통일(統一)하고 다스리려면 백가쟁명이 아니라 이데올로기의 통합이 중요했다.

그동안의 왕들은 귀족 출신이라 지배계급만 생각했으나 평민 출신이었던 유방은 달랐다. 사상의 통일과 더불어 백성들을 생각하는 덕치(德治)가 필요했다. 유가에서 주장하는 군주 제도와 왕도정치로 백성을 생각하고 인간미가 있는 덕치가 가능했다. 군주와 백성[國民]이 모두 만족하는 상생의 제도가 유가사상에 있었던 것이다.

유가 는 문화를 중시했다.

그 당시의 유가는 도가나 법가보다 실용적이고 균형 감각이 있었다. 도덕보다 문화를 우선했다. 사상과 이론이 복잡하고 다양했던 중국 역사에서 문화를 중시함으로써 민심을 모 으는 가치 체계가 될 수 있었다.

역사적으로 유가는 다양한 가치들과 화해하고 조화를 이루는 역할을 함으로써 중국의 정신문화에서 중요한 '다양성의 통일'을 이루었다. 유가(儒家) 정신의 빛나는 계승발전이다.

북송 세력에 밀려 남쪽으로 쫓겨난 남송의 화이(華夷) 사상에 충실했던 조선의 주자학은 명분만 중시하고 다양성과 실용성을 무시했다. 건국 초기의 개혁사상을 망각하고 지배계층의 당리당략, 사문난적의 학문 풍토는 백성들을 억압하고 나라의 변화와 발전을 소홀히 했다. 사상이 없는 학문, 지혜가 아닌 지식을 탐하는 조선은 문약한 나라의 풍토였다.

공자가 제자들과 이곳저곳을 다니면서 이런 일, 저런 일을 보고 겪으면서 배우고 익힌 현장 체험이 논어다. 제자들과의 대화는 집단 지성이다. 제자들은 어느 곳에서 무슨 일을 하든지 맡은 일은 잘 수행했다고 한다. 공자세가(孔子世家)의 전통이다.

교육은 독립적이고 자기 것을 찾아서 실천해야 한다. 중국의 유가사상이 시대에 따라 실용적이고 다양한 가치들과 결합하면서 계속 진화할 수 있었던 것이 공자의 지혜로움과 집단 지성의 전통일 것이다.

공자 사상은 역사적 단계마다 변화했고, 그 역할을 수행했다. 그 시대에 맞게 해석하고 적용함이 관건이다. 어떻게 편집하고 해석하느냐에 따라 시민을 행복하게 할 수도 있고, 나라를 혼란에 빠뜨릴 수도 있다.

공자 사상은 시대를 해석하고 사람을 편집(조직)할 수 있는 잠재력이 무궁하다. 유용하게 쓰면 나라는 부자가 되고 사람은 행복할 것이다.

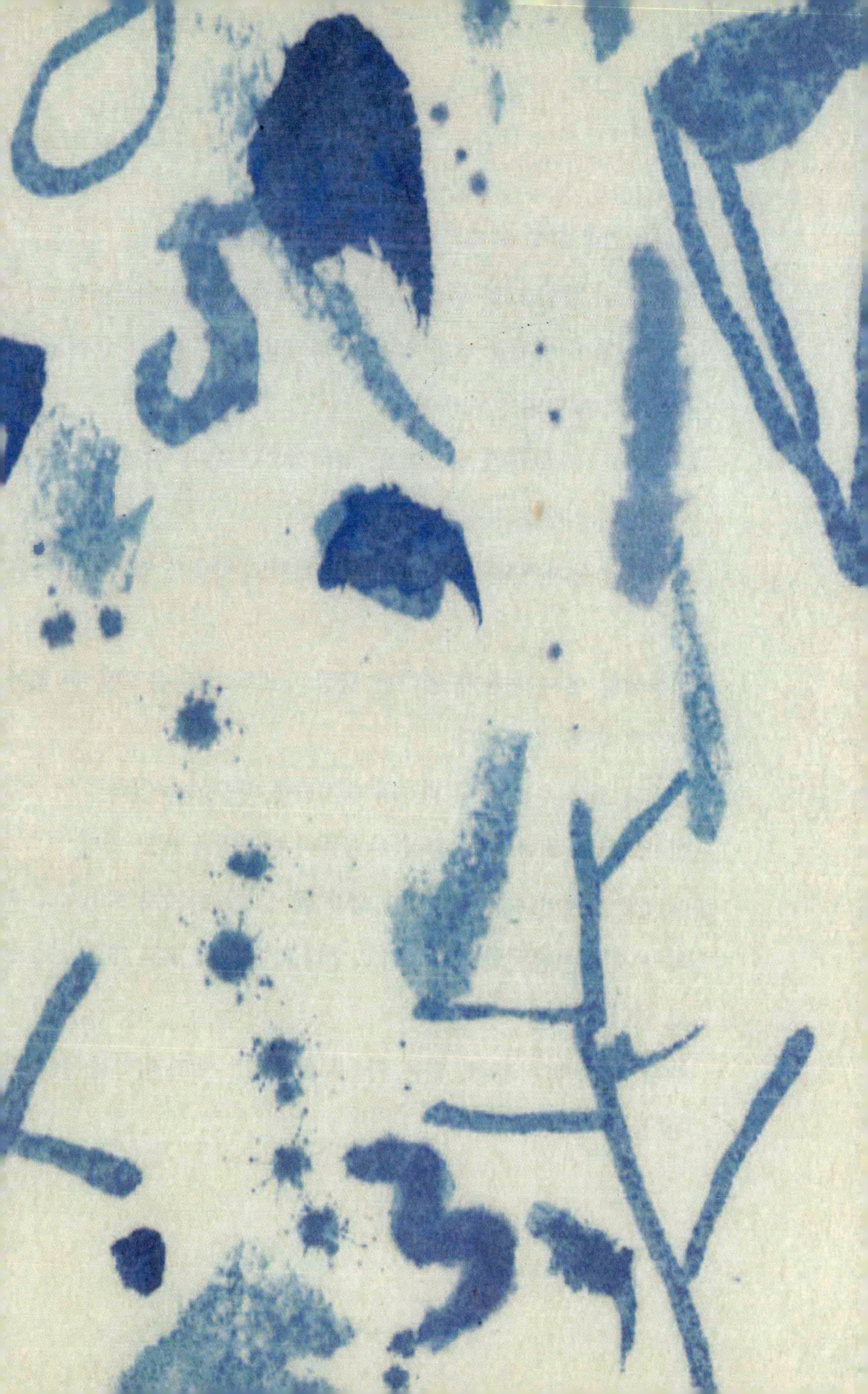

〈발문(跋文)〉

되는 것도 없고 안 되는 것도 없다

한승동(한겨레 기자)

"소청(小靑) 풀밭에 섰다.
상쾌한 아침바람 풍경을 만든다.
어제 지나온 공룡능선
호연지기로 피어오른다.
소청의 저녁놀이 황홀하지만
오늘 아침 이 순간 나는 희망을 본다."

그리고 윌리엄 블레이크 〈순수의 전조〉.

한 알의 모래에서 세상을 보고,
한 송이 들꽃에서 하늘 보려면,
그대 손바닥에 무한을 쥐고,
찰나의 순간에 영원을 보라.

"그냥 다니다 보니 30여 년 동안 일주일에 한두 번씩 가게 됐다. 이들이 초등학교 5학년 때부터 같이 다녔다. 중학교까지 매주 다니다 고등학교 가니 엄마가 가지 말라고 해서 그때는 겨울방학에는 설악산, 여름방학에는 지리산을 갔었다. 지리산에서 진부령까지 대간을 탔으니 내년부터 진부령에서 지리산까지 타려 하고 있다."

이 말을 한 게 5년 전(한림국제대학원대학교 정치경영연구소 '자유인' 인터뷰, 2012년 12월). 이미 진부령에서 지리산까지 백두대간 역코스까지 탔다. 그에겐 "백두대간의 주유산천이 학교"다.

"걷는 것이 저마다 수련이다.
금수강산에 수련의 종적(蹤迹)이 있다.
너는 누구인가!"

"희양산에 서다.
바위 하나가 산이 되었다.
어진 산이요, 호연지기다.
장자는 자연스럽게 사는 것이
지극한 즐거움(至樂)이라 했다.
자연스럽고 자유롭게 운행하고 변화하는 흐름이
무위자연(無爲自然)이다.
그 산 속에 내가 있다.
늘 그렇고 그렇게 산다.
무가 무불가(無可無不可)

되는 것도 없고 안 되는 것도 없다."

쫓아다닌 지 30년은 족히 넘었겠다. 백두대간 탈 때, 출석률 형편없는 불량학생이었으되 잊을 만하면 만나고 만나면 늘 만나온 듯 반가웠던, 어느새 칠순이 돼 버린 정체 야릇한 이 사나이를 나는 왜 따라다녔을까.

'농조득탈(籠鳥得脫)'이라는 말이 있다. 새장에 갇힌 새가 문을 열어주면 창공으로 '탁~!' 날아갔을 때의 기분을 말한다. 자유라는 것은 이성적인 것보다 감성적인 부분이 많고 정적인 것보다 아주 동적인 것 같다. 공자의 말 중에 '군자불기(君子不器)'라는 말이 있는데 "군자는 고정됨이 없고 언행에 따라서 통의 크기가 다양하다."는 말로 자유는 융통자재, 자유자재 함이다. (…) 어느 날 제자 한 사람이 공자에게 "선생님, 어떻게 사는 게 제일 잘 사는 것입니까?"라고 물으니 그가 "중용으로 사는 것이 가장 잘 사는 것이다. 그런데 인간이 중용으로 사는 것이 참 어렵다. 그러니 미치광이(狂狷, 광견)로 살아라."라고 했단다. '미치광이'란 진취적이고 자유롭게 산다는 것을 의미하는 듯하다. 그렇지만 한편으로는 자유로운 삶에서 가장 중요한 것은 남에게 피해를 주는 것이 아니라 베푸는 것이어야 한다는 생각을 한다. 옆 사람이 고통과 불편함이 있는데 자기 혼자 자유롭다는 것은 말이 안 된다. 바람같이 살다가 바람같이 사라지는 것, 바람에 영감이 있느니 자유롭게 살

아라."(상기 인터뷰)
따라다닌 게 이 농조득탈의 자유를 위해서였나?

"1시간쯤 걸어서 우뚝 선 봉우리를 오르니
바람이 차고 몸에 땀이 흐른다.
내가 살아온 그림자가 따라붙는다.
구차스러웠던 나의 행로가
아직도 실루엣이 되어 사라지지 않는다.
인간다움의 기본을 망각하고
우물쭈물하면서 살아왔던 꼴이 망연하다.
쌀 한 톨만큼 남은 세월 가슴에 붇고
일이관지(一以貫之)로 살고 싶다."

산은 그에게 신화시대부터 지금까지 반역과 혁명의 산지(産地)다.
"프로메테우스가 코카서스 산중에서 고통을 견딘 이래 동서양의 성인과 영웅들은 산에서 빛을 받았고 기적을 행했다."

그가 죽산 조봉암의 진보당 간부(중앙집행부 교양 간사) 김병휘 선생과 만난 것은 우연이었다.
"삶의 인연이었고 나에게 지혜로운 시간이었다. 그는 난삽하고 어려운 문제를 쉽고 간단하게 풀어냈다. 철학은 현실에 대한 자기통찰력이다. 불굴의 의지, 융통성 있는 실천이라 했다. 세월이 흐를수록 사모하는 마음이 깃털처럼 포근하다. 선생님의 호는 표운(漂雲)이다. 선생님은 낙관적이고 고정관념이 없으셨다. 과학자처럼 사고하는 사려 깊은 자세가 지금도 내 마음을 은은히 울린다. 유유자적하셨던 선생님이 선하다."

"나의 선생님은 말이 없었다.
묻는 말에 대답도 없이 눈만 껌벅거렸다.
스스로 찾아가라는 묵시다.
배운 대로, 걷는 대로 답을 찾고 증험(證驗)하는 것이다.
답을 가르쳐 주는 순간 이치는 흐트러지고
자기 것이 아니라 남의 것으로 남는다.
자기 발로 자기 길을 가야 한다."

지금은 주로 혼자 산에 간다고 했다.
"원래 산길은 바람과 물의 길이었다. 그 길을 짐승들이 다녔고 뒤따라 약초꾼, 나무꾼, 사냥꾼들이 다니다 보니 길이 났다. 그러하니 산길은 마음길이며 그냥 걸어가면 길이다. 아무도 없는 산속 산천초목이 즐거워하는 순간 햇살을 받으며 누워 있으면 신명이 난다. 무념무상의 경지, 야생의 혼이 솟아난다. 이때가 카이로스의 순간이 아닐까."

"중학교 입학하자 4.19가 났다.
4.19를 겪은 형의 책꽂이에서
함석헌의 책을 읽었다.
생각하는 백성,
자유로운 영혼이 꿈꾸는 아나키스트의
기도와 외침에 울림이 있었다."

그는 지금도 책을 좋아한다. 간서(看書)랄까. 읽고 싶어 읽고, 옆에 있어 보고 없으면 말고, 심심하면 보고, 마음 가는 대로 한다.

"사람이 그리울 때 나는 네루다를 생각한다.
마추픽추의 사랑과 절망의 순간을 풍문으로 듣는다.
스페인의 라틴 아메리카 식민 지배와 착취는
인간 비극의 극치였다.
이후 미국의 정책도 그 아류였다.
선거에 의한 사회주의 정권을 수립했던 칠레의 아옌데,
아옌데는 쿠데타군의 총을 맞고 사라졌다.
아옌데와 절친했던 네루다가 아니던가."

당나라 시인 두목(杜牧)이 항우가 죽은 지 1000년 세월이 지난 뒤 오강을 지나가다 <오강정에서>란 시를 이렇게 썼단다.

이기고 지는 것은 병가지상사라 예측할 수 없으니
수치를 참고 욕됨을 견디는 것이 진정 대장부라.
강동의 자제들 중에는 유능한 인재들이 있으니
흙먼지 일으켜 다시 왔다면 결과는 알 수 없었으리.

항우는 해하에서 사면초가에 빠지자 오강으로 도망가 자결했다. 강동으로 후퇴했다가 재기하자는 정장의 말을 뿌리치고 자결했다.

"죽은 항우는 장부의 체면을 지켰겠지만 남은 군사들은 어쩌란 말인가."

그가 읽고 생각하는 것은 이런 것만이 아니다. 더 넓고 더 깊다.

이 책의 추천사를 써보라는 '엄명'을 받았으나, 책 절반을 차지하고 있는, 장대하게 펼쳐지는 산 사진들과 하나가 된 칠순 거사의 쨍쨍한 득음(得音), 오도송(悟道頌) 세례에 넋이 나가, 그냥 일부나마 내 나름대로 가려낸 것들을 그대로 옮겨놓는 것으로 대신하려 한다. 아무래도 그게 내가 살 길인 것 같다. 짧고도 명료하게 핵심을 드러낼 재주가 내게 없는 탓이기도 하지만, 몇 마디만 하긴 또 내키지 않았다. 게다가 내 어설픈 추천사라니, 그건 췌언일 뿐이다.

"35억 년 전 지구상에
광합성을 할 수 있는 세포들이 나타났다.
CO_2로 광합성을 하면서 살아가는 식물이
노폐물인 산소를 발산하면서
산소를 먹고 사는 인간과 동물이 생겨났다.
지금 살아 있는 우리는 기적 같은 존재들이다.
이 얼마나 심오한 생명의 신비로움이더냐."

"인간의 조건이란 흙으로 빚은 결과라는 것이다.
흙에서 생명이 태어나서 진화한 세상이다.
햇빛과 바람(CO_2, O_2) 물은 거저다.
나무, 풀, 동물은 물론 사람들은 공짜로 산다.
우리는 이것들을 이용만 하는 이기적 유전자다.
자연현상은 서로 도움을 주고받아야
공멸하지 않는다는 진리를 가르친다.
그것이 평화다."

"밥은 평등하다.
평등하지 못하면 투쟁과 반란이 있다.
인류 역사는 먹고 사는 생존 문제의 역사였다.
평화(平和)는
쌀(禾)을 골고루(平) 먹는다(口)는 뜻이다."

"정상에서 이것저것 먹었다.

맑고 밝은 하늘의 기운도 먹었다. 이것이야말로 기운생동의 양생법이다. 먹지 않고(단식) 정좌하고 깊은 숨만 쉬면 건강에 나쁘다. 치명적일 수 있다. 생리작용을 벗어난 비과학적인 기(氣) 살리기 수련은 연단술(鍊丹術)이나 연금술의 술수가 있다. 진정한 기란 골고루 잘 씹어 먹고 에너지가 활발하게 순환하는 가운데 생긴다.

자신의 노력으로 양생장수養生長壽하는 법이다.

명(命)이란 하늘에 있지 않고 타인에 의지하지도 않고, 스스로 자기 자신에 있다."

"사는 것도 죽는 것도 마음대로 못한다.

사는 것은 국가가, 죽는 것은 종교가 마음대로 하는 세상이었다.

그러나 세상이 변했다.

우리 종은 종교와 이념에 찌든 삶을 살아왔다.

우리는 우연과 필연을 통해 생겨난 지구 생물권 종의 하나다.

진화생물학자 에드워드 윌슨의 생각이다.

이제 과학과 기술의 시대다.

사피엔스의 저자 유발 하라리는 기술의 문제라고 했다.

말하자면 죽음은 성직자나 신학자가 아닌

엔지니어의 문제가 됐다."

"세상의 이치는 변화다.
무상(無常)이 삶의 동력이다.
순간순간 변화를 직감하는 것이야말로
자신의 존재를 확인하는 것이기도 하다.
여시축(與時逐)이다.
시대의 변화를 직시하고 실천한다." (<역경>)

"사람의 모든 것, 아니 생명 있는 모든 것은
오직 오늘을 사는 것이다.
이 세상 모든 것 생겨났다 사라진다.
지금 이 순간이 있을 뿐이다."

"무덤은 죽은 자를 기리고 기억하는 곳이다.
권세와 부귀를 영원히 지속시키려는 족속들은
화려하고 튼튼하게 만들어야 되겠지만
초로(草露)같은 인생,
한 번 가면 오지 않는 것을 뻔히 아는데
뭐 그리 수다 떨 것이 있겠는가.
죽은 사람의 영혼을 땅에서 찾지 말라고 했다.
내 무덤은 조용히 생각하는 사람들의
마음속에 있을 것이다."

"누구나 자기가 믿는 것을 칭송한다.

나의 신은 내가 만들어낸 것이다.
그래서 신을 칭송한다는 것은
곧 자기를 칭송한다는 뜻이다.
균형 감각이 있는 사람은 남의 믿음을 나무라지 않는다.
남의 믿음을 싫어하는 것은 무지해서다."

"도(道)는 중생의 마음 따라 감응한다고 했다.
한 걸음 한 걸음 걷는 순간,
자신의 눈높이 따라 정취가 흐른다."

"하나의 교리만을 금과옥조로 떠받들면서
나머지는 모두 불신하는 어리석음을 범하지 말라.
그랬다가는 좋은 것을 많이 잃을 것이다."

"나는 흔히 양반이란 말을 즐긴다.
조선시대의 문반, 무반의 계급의식이 아니라
이 시대 인간의 교양과 품격을 생각하자는 뜻이다.
군자불기(君子不器)이듯
어느 하나의 틀에 규정되지 않고
또 어느 한 범주에 속하지 않는 자유로운 사람이다.
세월과 경륜 속에 스스로 넓고 깊게 채워가는
현대판 양반을 말한다.
인간의 정체성은 우아하고 아름다운 인격이다.

양반의 에스프리(esprit)는 역지사지(易地思之) 자체다.
남의 입장에서 생각하고 스스로 실천한다.
강자에 눌리지 않고 약자와 어울리며 희망을 쌓는다.
무엇이든 행함에 거침이 없고
바람처럼 담백하고 허공처럼 조용하다."

유영래,
그는 우리 시대의 양반이다.

〈에필로그〉

평화는 진화한다

높이 나는 새가 멀리보고 멀리 나는 새가 안전하다.
산을 오르기는 힘들지만 높이 오르면 자유롭다.
강자의 간섭을 받지 않고 자유롭고 즐겁게 살려면
불굴의 의지와 끊임없는 노력, 자기 수련이 있어야 한다.

모든 사람은 아나키스트의 본성이 있다.
태어난 대로 자연스럽게 사는 삶이 행복하다.
중국 남방과 인도차이나 북부 산악지대 등지에는
병역, 납세, 착취구조를 피해서 정부의 힘이 미치지 못하는
더 높은 곳에서 자유롭고 건강하게 사는 공동체가 있다.
소위 〈Zomia〉이다.

한반도의 지정학은 지금까지 높이 오를 수도, 멀리 달려갈 수도 없었다.

고구려가 사라진 이후 숙명처럼 옹색하게 살아온 우리들이다.

우리는 혹처럼 대륙으로, 바다로 펼쳐 나가지 못하고 있다.

요즘 남북문제가 국제정치의 태풍 속으로 빨려들고 있다. 미국과 북한이 대결 국면이 되면 우리는 장기판의 졸(卒)이다. 중국과의 관시, 일본과의 선린 관계를 쌓지 못한 처지이다 보니 생산적이거나 자주적으로 대처할 방법이 없다.

민주주의 국가는 시민이 정치인에게 국익과 국부, 안전보장과 평화의 권한을 위임한 정치체제다. 파워 엘리트는 우리의 역사, 강대국들의 지정학을 충분하고도 냉철하게 통찰해서 그 동안 국가 인프라와 콘텐츠를 구축해 왔어야만 했다.

시민은 상황에 충실할 뿐이다.

시민들의 희망과 행복은 하루하루 즐겁고 편안하게 살아가는 일이다.

우리는 일제 식민지배, 해방과 전쟁, 분단과 갈등 속에서 좌절과 절망을 딛고 산업국가를 건설했다. 70여 년 동안 우리는 후진국에서 선진국 도상으로 발돋움하고 있다. 좌우 사상과 이념, 혁명과 반혁명, 민주화 운동, 사회 경제 정책과 전략들을 다양하게 경험을 했고, 타산지석으로 배웠다.

이제 우리는 우리 조건과 역량에 맞는 정책과 전략을 만들어야 한다. 나라를 잘 살게 하고 시민을 씩씩하고 행복하게 할 수 있는 부국강민(富國强民)의 능력과 잠재력이 있다. 모두 공동체 의식을 발휘해서 강건하고도 뱃심 있게 나가야 한다.

10여 년 전 지리산에서 진부령까지 백두대간을 타고, 다시 진부령에서 지리산까지 걸었다. 진부령에서 더 이상 북쪽으로 갈 수 없었다. 백두산까지 갈 수가 없다. 아름다운 나라, 삼천리금수강산 따라 우리들의 정신과 문화가 숨 쉬는 우리의 땅이다.

한반도, 대륙과 해양을 잇는 땅이다. 해양과 대륙을 자유롭게 오가는 바람처럼, 세계인들이 오고가는 평화로운 이 땅이 되어야 한다.

평화는 진화한다.

진화는 선택과 적응이다.

우리의 평화는 스스로 만들어 가야 한다.

잊어진 듯하다가도 순간적으로 떠오르는 일이 있다.

이휘소 사망!

지금, 실감나는 역사의 기억이다.

최근 북한의 핵과 대륙간탄도미사일 전개상황이 충격과 소름을 끼친다. 남북한의 분단문제를 스스로 해결하지 못하고 주변 강대국에 옥죄이는 참담함이 전개되고 있는 듯하다.

물리학자 이휘소는 1977년 6월. 미국 콜로라도 주 아스펜에서 열리는 국립과학연구소 초청강연을 가던 중 교통사고로 사망했다. 사고 당시 페르미 연구소 이론물리부장으로 재직, 매혹입자(charmed particle)를 발견했고, 게이지(gauge) 이론을 증명한 세계적 소립자 물리학자였다. 사고가 없었다면 살람 박사와 함께 노벨상을 받았을 것이라 했다.

그 당시 베트남전쟁에 패배한 미국은 주한미군 철수를 논의했고, 박정희 정부는 소련과의 관계 개선과 핵개발을 구상해 대북한 전력을 강화하려고 했다. 세계적인 물리학자 이휘소는 박정희 정부와 핵개발에 대한 상황 인식을 공유했다는 소문이 있다.

그 당시 핵개발을 했더라면…….

지금부터 40여 년 전, 미스터리로 남아 있는 일이나, 북한은 지금 핵개발과 ICBM 성공으로 한반도와 동북아 국가들이 정치군사 관계에 긴장을 하고 있다. 북한은 20여 년 동안 핵개발을 했고, 지금 핵으로 체제 유지와 생존투쟁을 하고 있다.

트럼프 정부 출범 이후 계속된 북한의 대미 공세는 미국의 대북한 정책을 흔들어 놓고 있다. 미국은 UN을 통한 북한 봉쇄 작전을 펴면서 중국과 접촉하며 북한의 핵전략 수정을 시도하고 있다.

이런 가운데 우리는 코리아 패씽, 코리아 낫씽의 상황이 전개될 수도 있다는 불안이 커지고 있다. 특히 미·중 간 한반도 상황을 해결하려는 모종의 현상 타파 작전이 전격적으로 수행될 수도 있다는 아찔한 생각이 들기 때문이다.

우리는 청일전쟁 이후 일본의 강점, 2차 대전 이후 남북 분단이란 역사적 굴욕을 당했다. 그때마다 우리나라는 스스로 주도권을 잡지 못하고 타자들에 의해 희생되었다. 우리는 이런 역사의 비극을 되풀이해서는 안 된다. 우리 역사와 문화, 철학과 사상은 우리 스스로 만들어 나가야 한다.

20세기 초 영국의 래퍼드 매킨더는 유럽에서 러시아가 지정학의 중심이라 했다. 처칠은 러시아가 어떤 전략을 택하느냐에 따라서 유럽 질서가 변한다고 했다. 중심지역을 지배하는 자가 세계를 지배한다는 것이 그 당시 지리 정치학이었다.

섬나라 영국이 유럽 혼란을 틈타서 이니셔티브를 잡거나, 유럽국가 간의 세력 균형 속에 영국의 국익을 찾으려는 전략구상이다.

한반도가 전환기에 있다.

우리의 생존전략 구상이 중요하다.

세계의 변화 속에서 한반도, 남북한은 평화롭고 안정된 지역이 되어야 상호간의 교류와 협력 속에서 공동의 이

익을 얻을 수 있다. 무력 대결의 긴장과 전쟁부기의 증상 속에서는 한반도의 평화와 국익이 보장될 수 없다.

4차 산업시대는 고정된 영토 개념보다 상호 연결과 경제 이동이 자유로운 영토의 역할이 중요하다.

사람과 지식정보가 자유롭게 움직이고 서로 연결된 곳에 돈과 힘이 생긴다. 교통망, 에너지망, 금융네트워크, 인터넷 서버의 연결망이 국경을 초월해 자유롭게 연결되는 곳에 부가 창출된다. 이러한 공급망은 스스로 조직되고 유기적으로 연결될 수가 있다.
--------<커넥토그래피 혁명>.

그런 의미에서 한반도가 평화롭고 안정되면 동아시아의 거점이 될 수 있다. 세계는 북미와 유럽, 그리고 동아시아가 세계 3대 경제문화의 거점이 되고 있다.

정치적 평화와 자유로운 경제활동이 보장되고 활성화되면 한반도는 지금과 같은 군사대결 구도보다 훨씬 더 경제적 규모와 이득이 높아질 것이다. 한반도가 대륙과 해양의 교류의 장이 되고, 동아시아 경제의 거점이 되려면 한반도가 평화로운 정치적 중립지대가 되어야 한다.

우리는 좌우 진영논리나 남북 대결구도 같은 고정 관념에서 벗어나 새로운 시대에 역동적으로 적응할 수 있어야 하고, 그런 조건에서 우리의 생존 철학과 삶의 지혜를 발휘해야 한다. 중립은 자연스러운 생명의 생태조건, 즉 자연의 선택이다.

정치적 중립은 극단이 아닌 양단을 포용하고 균형을 잡는 중심세력이다. 한반도의 지정학으로 봐서 우리가 미래의 평화와 휴머니즘을 실현시킬 수 있는 최선의 국가 철학은 균형감 있는 중립국가이다. 각 나라와 지역 간의 교류와 협력, 경제 문화적 수요와 공급이 상호 연결되는 망이 활성화되면 한반도 공동체는 더욱 진화하고 발전한다고 믿는다.

세상의 전환기에는 파워 엘리트의 비전과 지도자의 담대한 용기가 우선이다.

한반도의 독창성이 무엇일까?

창조는 간단명료한 직관이고 실천이다.

과거 역사에서 한걸음 진화한 공동체, 과거의 숙명적이고 수동적인 지정학에서 혁명적이고 역동적인 지정학의 발상이어야 한다. 세상의 흐름에 맞추어 조용히 생각하고 혁신하면 선진 복지국가의 길이 보인다.

책을 집필하고, 만들고, 읽는 사람들이 함께 모여 협동조합을 만들었습니다. 부지런히 한 마음 한 뜻이 되기 위해 노력하면서 새로운 책 문화를 만들어나갈 수 있도록 해보겠습니다. 한 번 조합원으로 가입하시면 가입 이후 modoobooks(모두북스)에서 출간하는 모든 책을 평생 동안 무료로 받아볼 수 있습니다.

***조합 가입비**(1구좌) 500,000원
***조합 계좌** 농협 355-0048-9797-13 모두출판협동조합
***조합 연락처** 전화 02)2237-3316
팩스 02)2237-3389
이메일 modoobooks17@naver.com
공식카페 http://cafe.naver.com/modoobooks17

조합원

강석주 강성진 강제원 권유 김욱환 김의수 김철주 김헌식 도경재 박상영 박주현 박지홍 서용기 송태효 심인보 유영래 이재욱 이정윤 임민수 정은상 채승기 채한일 최중태 허정균 현기대 홍성기

모두출판협동조합에서 운영하는 modoobooks(모두북스)에서는 무해유익(無害有益)하여 세상에 널리 도움이 될 수 있는 내용이라면 어떤 책이든 펴낼 만한 가치가 있다고 생각합니다. 소량다품종의 원칙으로 꾸준히 발간하되 저작권자의 요청, 개정판의 발간 등 특별한 경우를 제외하면 책이 절판되지 않도록 관리해 나갈 예정입니다.

*

modoo01 **음악가 내 친구들**
성악가 채승기의 음악가 이야기

modoo02 **4차 산업혁명**
도경재의 미래 준비 길라잡이

modoo03 **타노토스가 숨어 있는 그림**
권유 전작 장편소설

modoo04 **시절인연**
강제원의 4부작 휴먼 스토리

modoo05 **바람도 길이 있다**
유영래의 한걸음으로 누린 백두대간

modoo06 **왜 반야심경인가**
김윤재의 재가불자의 생활수행

modo05

바람도 길이 있다

유영래 **지음** / 모두출판협동조합(이사장 이재욱) **펴냄** / 2017년 8월 23일 초판 1쇄 **발행** /
디자인 김남호 / ISBN 978-89-957050-0-1

modoobooks(모두북스) 등록일 2017년 3월 28일 / **등록번호** 제 2013-3호 /
주소 서울 도봉구 덕릉로 54가길 25(창동 557-85, 우 01473) /
전화 02)2237.3316 **팩스** 02)2237.3389

* 책값은 뒤표지에 씌어 있습니다.